Californie

- Un ☛ dans la marge indique un site ou monument que nous vous recommandons tout particulièrement
- Informations pratiques classées de A à Z, commencent à la page 104
- Pour un repérage facile, des cartes claires et détaillées figurent sur la couverture de ce guide

Berlitz Publishing Company, Inc.

Princeton Mexico City Dublin Eschborn Singapour

Texte: Neil Wilson
Adaptation française: Alpilles Plume
Rédacteurs: Olivier et Isabelle Fleuraud
Photographie: Doug Traverso
Cartographie: Falk-Verlag, Munich
Maquette: Media Content Marketing, Inc.

Bien que l'exactitude des informations présentées dans ce guide ait été soigneusement vérifiée, elle n'en est pas moins subordonnée aux fluctuations temporelles. N'hésitez pas à nous faire part de vos corrections ou de vos suggestions en écrivant aux Éditions Berlitz, à l'adresse ci-dessus.

ISBN 2-8315-6423-9
Edition révisée en 1997 – 1er impression novembre 1997

Imprimé en Suisse par Weber SA, Bienne
019/711 REV

SOMMAIRE

Que faire 80

Les plaisirs de la table 93

Cartographie

CALIFORNIE

LA CALIFORNIE ET LES CALIFORNIENS

La Californie a toujours attiré comme un aimant ceux qui voulaient repartir à zéro. Depuis les premiers explorateurs espagnols et colons mexicains, les chercheurs d'or et les convois de chariots bâchés, jusqu'aux immigrants d'Oklahoma, aux hippies et aux vedettes de cinéma en herbe, ce pays doré, à la limite occidentale du continent, a attiré les rêveurs en quête de célébrité, de fortune, de liberté et d'occasions favorables.

Terre bénie par le soleil et la mer, vallées fertiles et montagnes merveilleuses, la Californie est un paradis sur terre. Ce n'est pas par hasard que l'industrie du cinéma américain y a élu domicile. La Californie offre tous les décors imaginables pour n'importe quelle histoire ou rêve: Alpes suisses, désert du Sahara, prairie anglaise, jungle africaine, on peut tous les trouver à quelques heures de voiture de Hollywood. Et ce qui n'est pas déjà là – un forum romain ou une pyramide égyptienne – peut l'être en quelques jours.

Certains n'ont pas peur de prétendre que c'est en Californie que l'histoire humaine a atteint son apogée. Ils disent qu'au cours des deux derniers millions d'années, c'est vers cela que nous nous dirigeons. L'homme aurait évolué de la chasse à l'agriculture puis à l'industrie et, à l'âge post-industriel des loisirs, il ferait face à l'adversité avec un tel succès qu'il pourrait enfin jouir d'une vie aisée et sereine. Tout de moins en Californie!

Cela ne veut pas dire qu'en Californie, tout le monde passe son temps au bord de sa piscine. Cet Etat est un centre d'énergie et d'activité, un foyer d'innovation. Sa prospérité est tout à fait impressionnante – elle a commencé avec l'or des Sierras, a gagné la Grande Vallée (Central Valley) avec ses gigantesques complexes agro-alimentaires (*agribusiness*) et a atteint la côte où les dollars naissent aujourd'hui du pétrole, de l'industrie aérospatiale et de l'informatique. Les Californiens ne rechignent pas devant le travail, au contraire, mais ils sont impatients de retourner à la plage, au tennis ou à la piscine, de faire du surf sur les rouleaux du Pacifique ou de la randonnée sur les sentiers de Yosemite. On s'amuse ici jusqu'à l'épuisement. Au bout d'une ou deux semaines, vous serez presque ravi de reprendre votre train-train quotidien.

En route – les bicyclettes sont une des manières de traverser Venice Beach.

En quête incessante de nouveauté, les Californiens acceptent volontiers leur rôle de derniers pionniers de l'Amérique. Le VTT, la planche à roulettes, la planche à voile, le roller-disco, les parcs d'attractions, les micro-ordinateurs, l'impact du «flower power» et le mysticisme *New Age* – toutes ces modes sont nées, se sont épanouies et se sont éteintes en Californie, sous l'œil interrogateur du reste du monde qui, le plus souvent, les a copiées. Le blue-jean est né à San Francisco pour résister à toute épreuve lors de la Ruée vers l'or en 1849; il est devenu un vêtement universellement à la mode en cette fin de siècle. Le bikini aussi a fait sa première apparition ici, sur les plages du sud de la Californie.

La Californie n'a peut-être pas inventé l'automobile mais c'est là qu'elle est devenue un mode de vie. Los Angeles a non seulement eu la première station d'essence, mais aussi le premier supermarché, ce magasin conçu pour que le client automobiliste puisse enfin emporter plus qu'il ne peut porter. S'ensuivit, tout naturellement, le système *drive-in* pour le cinéma, le restaurant, la banque, l'église et même les pompes funèbres. Depuis la mode des *mobile-homes* des années 70, on peut vivre en Californie sans jamais quitter son véhicule. On dit même qu'il y a quelques années, un concessionnaire automobile se serait fait enterrer dans sa Cadillac.

Avec une population d'environ 29 millions d'habitants, la Californie est l'état le plus peuplé des Etats-Unis et le troisième quant à sa superficie après l'Alaska et le Texas. Son revenu par habitant est l'un des plus élevés du monde et l'économie de l'Etat – séparé du reste des Etats-Unis – est la septième du monde. Elle a aussi le plus fort taux de motorisation: deux voitures pour trois habitants. Le réseau d'autoroutes est vaste, mais encore insuffisant et les difficultés de circulation sur les *freeways* (autoroutes sans péage) alimentent ici les conversations comme le temps en Grande-Bretagne ou le vin en France.

Il serait faux d'en conclure que les Californiens sont d'incorrigibles matérialistes. La recherche du plaisir va de pair avec une obsession très marquée pour le spirituel. La moindre confession religieuse ou secte est représentée ici, ainsi que tout un éventail de cultes ésotériques comme Moon ou l'église de scientologie, et beaucoup d'autres inspirés des anciennes croyances orientales. Las d'emprunter ou d'adopter des croyances, les Californiens ont inventé les leurs.

Quoiqu'il en soit, la Californie est un état très conservateur. C'est le berceau des idées nouvelles, mais elle préfère, et de loin, les anciennes.

Du point de vue ethnique, la majorité est anglo-saxonne, mais les Mexicains prédominent à Los Angeles – un tiers des *chicanos* (Mexicains-Américains) des Etat-Unis vivent en Californie – et les Italiens et les Irlandais à San Francisco. Depuis la Seconde Guerre mondiale, les noirs des États du sud sont venus en nombre s'installer en Californie, principalement dans les grandes villes. Les Japonais et les Chinois ont leur plus florissante communauté à San Francisco et, ces dernières années, la population asiatique de Californie a connu un accroissement avec l'arrivée d'immigrants venus de Corée, du Viêt-Nam, des Philippines et de Hong Kong. Les premiers habitants, les Indiens ou indigènes américains ne sont plus que 198 000, deux tiers environ de leur population à l'arrivée des premiers colons espagnols en 1769.

Ici, les touristes les plus enthousiastes sont les Californiens eux-mêmes. Si vous ne savez pas où aller, suivez les autochtones. Personne n'est plus sensible qu'eux aux beautés de la nature qui les entoure. Les gens sont venus s'établir ici autant pour les plages, les montagnes, les forêts et les lacs que pour les richesses de la région. Ni les pentes raides, ni l'exiguïté des logements, ni la menace permanente d'un séisme n'ont diminué leur attirance pour l'exceptionnelle beauté de San Francisco. C'est peut-être le paysage lui-même qui provoque une sorte de passion pour cette société prospère, optimiste et dynamique. Les vallées du Nord produisent des vins délicieux, les sols fertiles de la grande Central Valley donnent des pêches, des oranges, des avocats et des figues plus généreux et meilleurs que partout ailleurs, et symbolisent l'abondance.

Les montagnes de la Sierra Nevada sont un paradis pour les naturalistes, avec les forêts de *redwood* (séquoias) géants des parcs nationaux de Sequoia et de Kings Canyon, offrant un havre de paix loin des autoroutes embouteillées de la ville. Au cœur des montagnes, s'étend la splendeur de Yosemite Valley, une véritable cathédrale naturelle, qui inspire ce mysticisme éthéré et cette spiritualité si caractéristiques de la Californie. Ces lieux, et les immenses paysages variés du désert Mohave aux horizons infinis et de Death Valley (la vallée de la Mort), reflètent l'inépuisable imagination de la Californie. Ils procurent ce sentiment d'absolue potentialité qui attire encore pionniers, visionnaires et rêveurs vers cet Ouest Doré.

Une touriste pose au Sequoia National Park montrant la taille énorme d'un sequoia.

UN PEU D'HISTOIRE

La toute première vague d'immigrants arriva en Californie il y a 20 000 à 35 000 ans; des tribus asiatiques nomades arrivèrent par le détroit de Béring qui devait alors être à sec ou recouvert de glace. Au cours des siècles, leurs descendants progressèrent vers le sud et vers l'est pour finalement peupler le continent, de l'Alaska à la Patagonie. Les tribus qui élirent domicile dans ce qui est aujourd'hui la Californie eurent de la chance. Le climat était agréable et la nourriture suffisante pour qu'ils n'aient pas à guerroyer sans cesse comme le firent maintes tribus dans le reste des Amériques.

Les Indiens de Californie vivaient en harmonie avec la nature. Avant la jeunesse hippie, qui recherchait l'illumination révélée par la drogue, les sorciers buvaient le jus de la datura pour avoir des hallucinations. Mais leurs visions les plus démentes ne leur ont pas annoncé la venue d'hommes barbus, armés d'épées et d'arbalètes, qui décimèrent leur population, la faisant passer de 275 000 à quelque 16 000 au début du XXe siècle.

Les missions espagnoles

Les premiers Européens qui mirent le pied sur la côte californienne au XVIe siècle furent des explorateurs espagnols en quête d'or et cherchant à étendre au Nord leur empire mexicain. En 1542, Juan Rodriguez Cabrillo, un navigateur portugais au service du vice-roi du Mexique, s'approcha de Point Loma, à l'embouchure du port de San Diego. Il navigua le long de la côte, découvrit la «Bay of Smokes» (San Pedro, appelé aujourd'hui Los Angeles) et franchit le détroit de Santa Barbara. Lors d'une échauffourée avec des Indiens, il eut la jambe brisée et la gangrène qu'il contracta s'avéra fatale. Cependant, son équipage continua jusqu'en Oregon. Ne trouvant ni ports propices ni or, ils repartirent bredouilles.

En 1579, l'Anglais Francis Drake, au cours du tour du monde qui lui valut d'être fait chevalier, s'arrêta pour chasser les galions espagnols et fit escale, à Point Reyes (Drake's Bay, juste au nord de San Francisco). Il revendiqua tout le territoire côtier au nom de la reine Elisabeth Ie, mais l'Angleterre, qui avait d'autres préoccupations, ne vint jamais coloniser ce territoire.

En 1769, les Espagnols commencèrent à s'établir en Californie, y implantant un cordon de garnisons militaires (*presidios*) et des missions religieuses. La première mission fut construite à San Diego en l'an 1769 et, en 1770, Monterey fut fondée comme capitale de la Haute-Californie (Alta California) tandis que la longue péninsule de Basse-Californie (Baja California), restée indépendante, passait aux mains des Mexicains.

Ces premiers missionnaires, conduits par le père franciscain Junípero Serra, étaient courageux et surent faire face à la faim et aux épreuves les plus rudes lorsque leurs premières expériences agricoles échouèrent. Leur objectif était de convertir les Indiens au christianisme, de leur enseigner les

L'art des tribus natives est preservé au Southwest Museum de LA.

méthodes d'agriculture européennes et l'artisanat, puis de leur restituer les terres avant de partir fonder d'autres missions.

Les missionnaires poursuivirent leur action bien après le début du XIXe siècle et aidèrent les colons espagnols en fondant les premières villes de Californie ou *pueblos*. En l'an 1804, ils avaient déjà établi une chaîne tout à fait remarquable de quelque 21 missions s'étendant de San Diego à Sonoma au nord.

Deux villes, et non des moindres, furent fondées à cette époque. En 1776, une garnison et une mission furent installées près de l'embouchure de la splendide baie découverte par Gaspar Portolá en 1769, et prirent le nom de Mission Saint-François d'Assise. Les deux premiers pueblos furent le Pueblo de San José de Guadelupe près de San Francisco et, au sud, le Pueblo de Nuestra Señora la Reína de los Angeles del Río de Porciúncula. La ville de Notre-Dame Reine des Anges près de la rivière Porciúncula, dont le nom fut par bonheur écourté à ... Los Angeles bien sûr, fut fondée en 1781 par 46 pionniers (des Indiens pour la plupart).

A cette époque, la Californie n'était pas particulièrement réputée pour ses attraits et les Espagnols, oc-

San Juan Capistrano est une des nombreuses missions laissée par l'ancienne colonisation espagnole.

cupés en Europe par les guerres napoléoniennes, abandonnèrent ce territoire lorsque, en 1821, le Mexique proclama son indépendance.

Les Mexicains

La mainmise du Mexique sur la Californie se fit presque sans effusion de sang. Pendant les 26 années de tutelle mexicaine très relâchée (1822–1848), il y eut toute une série de révolutions peu sanglantes. A Monterey, le gouvernement changea 11 fois de mains en cinq ans, sans compter trois gouverneurs que Mexico osa imposer et dont l'autorité fut totalement ignorée. Il y eut quelques combats peu acharnés entre les gens du Nord et ceux du Sud pour s'approprier des biens et des terres laissés par les missionnaires espagnols, dont la moitié aurait dû être restituée aux Indiens mais ne le fut jamais. La Californie devint alors le territoire privilégié d'une industrie unique, l'élevage, destiné à la vente du cuir et du suif, tandis que les anciens métiers étaient délaissés. La Californie commençait à être réputée pour ses loisirs et Richard Henry Dana, un avocat du Massachussetts qui l'avait visitée dans les années 1840, fut consterné par la fainéantise et le gaspillage. Il fit néanmoins ce judicieux commentaire: «Quel pays ce serait entre les mains de gens entreprenants!»

Les pionniers américains

Les premiers Américains à venir en Californie furent des marchands de fourrures venus de Boston, à l'est, après avoir emprunté la route du Cap Horn à la fin du XVIIIe siècle. Ils ne restèrent pas longtemps, mais d'autres marchands et des trappeurs, venus de l'est en passant par l'Utah, le Nevada, l'Arizona et le Nouveau Mexique commencèrent à s'établir çà et là par petits groupes, jusqu'à l'époque héroïque des longues files de chariots bâchés dans les années 1840.

Un vieux moulin dans la Napa Valley rappelle l'époque de la Ruée vers l'or de la Californie.

Les épreuves qu'ils endurèrent sont légendaires, le destin le plus tragique ayant été celui des 87 pionniers qui avaient quitté l'Illinois en 1846. Alors qu'il traversait la Sierra Nevada, le convoi d'un certain George Donner fut bloqué par les neiges, de novembre à février, en haute altitude au Nord du lac Tahoe, en un lieu appelé depuis le Donner Pass (défilé de Donner). Il n'y eut que 47 rescapés, qui survécurent grâce au cannibalisme.

L'arrivée de ces pionniers, fermiers en quête d'un lopin de terre, coïncidait avec un mouvement d'expansion territoriale dans le monde. Les Etats-Unis étaient impatients d'entrer en scène et, au cours de la guerre avec le Mexique pour l'annexion du Texas, ils considérèrent tout à coup que la Californie serait un complément non négligeable au butin. Les forces des Etats-Unis reconquirent Los Angeles en 1847 et le Mexique capitula à Cahuenga. Un traité pour l'annexion de la Californie par les Américains fut signé le 2 février 1848. Pendant ce temps, à l'insu des signataires américains et mexicains, on venait, neuf jours plus tôt, de trouver de l'or dans les contreforts de la Sierra Nevada.

La Ruée vers l'or

La découverte qui fascina le monde entier fut celle d'un charpentier de la scierie John Sutter, un certain James Wilson Marshall, à Colonna, sur l'American River, à mi-chemin entre Sacramento et le lac Tahoe. Il trouva, dans les alluvions de la rivière, des pépites d'or de 23 carats et, dans l'année qui suivit, 6 000 prospecteurs allaient extraire pour 10 millions de dollars du précieux métal. La vraie Ruée vers l'or commença en 1849 lorsque 40 000 aventuriers parvinrent à extraire pour 30 millions de dollars d'or. En 1852, au plus fort du «boom», 100 000 chercheurs se trouvaient dans la région.

On pouvait aussi faire fortune dans les secteurs touchant à l'exploitation minière et San Francisco, qui avait accueilli les premières banques et les premières usines de fabrication d'équipement minier, prit l'essor d'une métropole. Des escrocs accoururent pour déposséder les prospecteurs de leur poussière d'or. Des manuels tels que *Le Guide des mines d'or à l'usage de l'immigrant* devinrent des best-sellers – 25 cents les 30 pages, moitié prix sans le plan qui, de toute façon, était faux. Les pantalons ultra-résistants vendus par l'immigrant bavarois Lévi Strauss furent l'un des apports durables de la Ruée vers l'or. Fabriqués à l'origine avec de la toile de tente, puis en serge de coton appelée Denim, les Levi's jeans sont maintenant connus dans le monde entier.

Comptant sur l'or pour augmenter les recettes fédérales, le Congrès vota en 1850 l'admission de la Californie comme 31e Etat de l'Union.

Le nouvel Etat

Les premières années du nouvel Etat furent marquées par une justice dure et expéditive. En l'absence d'un pouvoir judiciaire établi et d'une police organisée, des groupes de vigilants se chargèrent de faire respecter l'ordre, la sentence étant souvent une pendaison immédiate. La vie n'était facile ni pour les Mexicains et les Indiens qui restaient, ni pour les immigrants chinois. Les Mexicains se virent exclure des mines après l'adoption d'une taxe frappant les étrangers et les deux tiers d'entre eux durent partir. A la suite de la révolte de Taiping de 1851, les Chinois arrivèrent, en quête de sécurité et de prospérité, dans ce qu'ils croyaient être les «Montagnes dorées» de Californie. Ils durent subir l'exploitation par les entrepreneurs chinois qui les employaient à bas salaire avec des contrats d'apprentissage et les taxes levées contre eux par l'Etat. Mais les plus mal traités furent les Indiens, dont le nombre diminua non seulement pour cause de maladie et de malnutrition, mais aussi à cause des massacres systématiques par la milice dans les années 1850.

Il y a plusieurs architectures orientales dans le Chinatown de Los Angeles.

En 1859, la découverte de gisements d'argent (à Comstoke Lode au Nevada) déclencha une Ruée vers l'argent en direction opposée; l'exploitation minière fut presque totalement organisée à partir de la Californie. L'Etat étant de plus en plus prospère, il s'avéra indispensable de construire une voie ferrée reliant la Californie aux marchés de l'est. Défiant tous les experts, l'ingénieur Theodore Judah conçut une ligne qui devait relier Sacramento à la Sierra Nevada et aux Rocheuses. Il vendit le projet à un consortium de San Francisco, connu sous le nom de *Big Four* (les quatre Grands) du Central Pacific – Mark Hopkins, Collis Huntington, Leland Stanford et Charles Crocker. Grâce à la voie ferrée, leurs biens personnels qui s'élevaient à $100 000 en 1861 atteignirent 200 milliards de dollars. La ligne fit sa jonction avec la Union Pacific à Promontary Point, dans l'Utah, en 1869. Elle fut construite, dans des conditions très périlleuses, par une main d'œuvre chinoise à bon marché. Les ouvriers travaillaient suspendus dans des paniers d'osier au-dessus de falaises vertigineuses pour ouvrir une voie à travers les défilés abrupts de la Sierra.

Le grand séisme

Lorsqu'un séisme d'une magnitude de 8.25 sur l'échelle de Richter secoua San Francisco, le 18 avril 1906 à 5h15, les Californiens les plus croyants furent convaincus que c'était Dieu qui punissait la ville pour sa soif d'or et ses péchés. La première secousse fit s'écrouler 5 000 maisons et le gigantesque incendie qui s'ensuivit détruisit presque toute la ville. Les canalisations d'eau ayant été rompues, les sapeurs-pompiers furent impuissants à éteindre l'incendie qui s'étendait. Le séisme et le feu firent 452 victimes selon les estimations officielles, et la loi martiale décrétée par le maire Schmitz (sans autorisation fédérale) en fit 100 de plus, exécutées sommairement pour pillage, mercantilisme ou pour avoir refusé de participer à la lutte contre l'incendie. Les militaires eux-mêmes furent loin de donner l'exemple. Alors que Chinatown brûlait, elle fut mise à sac par la Garde Nationale dépêchée sur les lieux pour protéger la ville des pilleurs.

Réforme, progrès et pétrole

Le tremblement de terre de San Francisco devait attirer l'attention du pays sur la violence et la corruption qui régnaient en Californie. La justice fédérale ne réussit à emprisonner que quelques-uns des coupables, mais cet acte fut suffisant pour qu'une «réforme» soit souhaitée par la population.

Le mouvement réformiste, décidé à briser le pouvoir politique des grosses corporations, s'attaqua à la corruption dans l'administration, les finances publiques et les banques, mais ne fit rien pour s'opposer aux milieux d'affaires qui résistaient aux syndicats agricoles et à une législation du travail plus libérale. Il y eut aussi une campagne de discrimination officielle contre les immigrants chinois et japonais, qui leur interdit de posséder des terres et les empêcha d'immigrer en plus grand nombre.

Ces mesures étaient inévitables au sein d'un jeune Etat impatient d'affirmer son identité. Sa florissante prospérité semblait trop belle pour être vraie. Son sol fertile et irrigué permettait, en abondance, toutes sortes de cultures. Mais le produit le plus rentable qu'allait donner la terre californienne fut le pétrole.

Les forages avaient commencé dans les années 1860, mais c'est en 1892 que tout se précipita. Dans les années 20, les compagnies Standard, Shell et Union dressaient leurs derricks sur le bassin de la Cité des Anges. Au cours de cette décennie, les revenus pétroliers de l'Etat s'élevaient à 2 milliards et demi de dollars, soit 500 millions de dollars de plus que la production d'or des Sierras en un siècle.

Ensoleillée et riche en pétrole, Los Angeles était le lieu idéal pour l'automobile. La population de Los Angeles doubla entre 1920 et 1930 tandis que le nombre de voitures particulières était multiplié par cinq. Mettant l'accent sur la «poursuite du bonheur» le *Los Angeles Times* se demandait en 1926 «s'il existait un moyen plus rapide et plus sûr que l'automobile pour se lancer à la poursuite du bonheur.»

Hollywood

Si vous ne tenez pas à poursuivre le bonheur en voiture, vous pourrez toujours aller en rêver dans une salle de cinéma. La popularité grandissante de cette nouvelle forme de loisir fit que les compagnies cinématographiques, basées jusque-là sur la côte est, durent trouver des lieux où l'on pouvait tourner toute l'année en extérieur.

Elles s'installèrent dans un faubourg de Los Angeles appelé Hollywood, où le soleil était garanti toute l'année et qui était proche de paysages de déserts, de montagnes, de rivières, de forêts, de plages et d'îles évoquant l'Ouest Sauvage, la Terre Sainte, la Méditerranée ou tout autre lieu. Les impôts étaient moins lourds qu'à New York, la main d'œuvre abondante et bon marché, les prix de la terre et des propriétés assez bas pour permettre aux producteurs d'acheter de vastes espaces pour y installer leurs studios et plateaux.

Hollywood devint bientôt la Mecque des marginaux. On vit fleurir des «écoles de talent» plus ou moins douteuses, pour les jeunes filles désireuses de devenir la nouvelle Mary Pickford. A défaut d'actrices, les écoles en faisaient des call-girls pour les producteurs. En 1922, le sinistre procès (pour viol) de l'acteur Fatty Arbuckle étala au grand jour la vie corrompue de Hollywood, les voitures de sport, le whisky de contrebande et la drogue. Le Hays Office (bureau de la censure) réagit

Les étoiles sur le «Walk of fame» d'Hollywood ne sont pas réservées exclusivement aux acteurs «humains».

en imposant un code qui décréta que dans les films de Hollywood, les méchants devaient être punis.

L'industrie profita du boom des années 20. Hollywood Boulevard ouvrit de luxueuses salles de cinéma de style égyptien ou chinois. Des stars se firent construire à Beverly Hills des demeures somptueuses, dont la plus célèbre fut le manoir Pickfair, qui abrita la lune de miel de Mary Pickford et Douglas Fairbanks. Mais, en dépit de la fascination qu'elle exerçait, l'image de Hollywood restait teintée d'immoralité. Des pensions de famille de Los Angeles affichaient: «Chambres à louer – interdit aux chiens et aux acteurs».

La crise et le boom

La Grande Dépression frappa durement la Californie. Les revenus agricoles baissèrent de 50% entre 1922 et 1932 et un cinquième de la population se retrouva à la charge de l'Etat. Mais la Californie se releva mieux que le reste du pays et attira les miséreux venus du Midwest. Les Okies, comme on les appelait (immigrants de l'Oklahoma), entassèrent leurs familles et leurs biens dans des voitures et des camions et partirent vers l'Ouest pour trouver du travail dans les fermes et les vergers de Californie. Leur histoire, faite de courage, de fierté, mais aussi d'amertume et d'exploitation, fut contée par l'écrivain John Steinbeck dans *Les Raisins de la colère*, qui reçut le prix Pulitzer.

La Seconde Guerre mondiale apporta une bouffée d'oxygène à l'économie asphyxiée de l'Etat. Le gouvernement fédéral y dépensa 35 millions de dollars. Du jour au lendemain, l'industrie navale et aéronautique devint prépondérante. Northrop, Douglas et Lockheed étaient tous concentrées dans la région de Los Angeles.

La Californie connut un après-guerre prospère. L'agriculture devint l'agribusiness; le cinéma prit de l'ampleur avec la télévision; le programme spatial dopa l'aéronautique; et la technologie semi-conductrice prépara le terrain pour Silicon Valley.

Beatniks, hippies et temps modernes

Conformément à la tradition californienne de bienveillance pour les utopistes, le quartier de North Beach à San Francisco accueillit la *Beat Generation* dans les années 1950.

Dix ans plus tard, on inventa le terme de hippies pour désigner ces «enfants-fleurs» qui envahissaient le quartier de Haight-Ashbury à San Francisco. Les habitants de ce que Joan Didion a appelé le «premier taudis d'adolescents en Amérique», avaient un message d'amour et de paix additionné d'une bonne dose de drogue. Les années 60 apportèrent leur musique rock avec, entre autres, Grateful Dead et Jefferson Airplane et la voix de Janis Joplin.

La Californie fut aussi à l'avant-garde du radicalisme estudiantin, qui débuta à Berkeley en 1964 avec le *Free Speech Movement* (Mouvement pour la liberté de parole) pour prendre fin avec les affrontements qui éclatèrent au State College de San Francisco en 1968 et avec la manifestation en faveur d'un *People's Park* (Parc du peuple) où la police lança du gaz lacrymogène.

Le mouvement radical noir s'étendit après les émeutes de Watts à Los Angeles en 1965 et connut son apogée à Oakland avec les Black Panthers «Panthères Noires», un groupe paramilitaire conduit par Eldridge Cleaver, Huey Newton et Bobby Seale. Les mêmes quartiers de Los Angeles furent secoués par la violence en 1992 après la diffusion d'une vidéo où l'on voyait des policiers blancs tabasser un habitant noir.

La progression des mouvements sociaux révolutionnaires de l'Amérique a une place importante dans la vie californienne. Les pressions pour le changement ont été tantôt encouragées, tantôt réprimées, selon le pouvoir politique.

La fiction s'unit à la réalité au Boulevard Santa Monica.

L'ancien acteur hollywoodien Ronald Reagan, du parti républicain, fut gouverneur de Californie de 1966 à 1974 et Président des Etats-Unis de 1980 à 1988. Jerry Brown lui succéda comme gouverneur de Californie. Ce démocrate de gauche avait été surnommé *Governor Moonbeam* (Rayon de lune), car il s'était converti au Boudhisme Zen et avait légalisé l'usage du cannabis. Mais il avait aussi décrété des mesures pour protéger l'environnement et développé un programme pour les sources d'énergie renouvelable avant que le reste du monde n'eût pris conscience de la sagesse d'une telle politique.

Récemment, il y a eu deux tremblements de terre. Ils rappelèrent aux Californiens la menace réelle du Grand Séisme qui, selon les experts, frappera la côte ouest dans les 30 prochaines années. Le fait que des millions de personnes, malgré cette terrible prédiction, veulent s'établir sur la terre promise du *Golden State* «Etat Doré» en dit long sur la fascination qu'inspire le style de vie californien.

QUE VOIR

De nombreux Californiens aimeraient voir leur Etat scindé en deux – la Californie du Nord et la Californie du Sud – tant ils sont convaincus que San Francisco et Los Angeles représentent deux mentalités différentes. En réalité, il y a dans tout l'Etat un peu du raffinement de San Francisco et un peu de l'extravagance méridionale de Los Angeles.

Notre itinéraire part de San Francisco et ses environs pour descendre le long de la côte de Los Angeles et San Diego avant de gagner, dans l'intérieur, les déserts et les montagnes de Death Valley (vallée de la Mort) et de la Sierra Nevada. Vous pouvez faire le parcours dans l'autre sens, mais prévoyez une visite de la «capitale du jeu», Las Vegas.

Le train ou l'autocar vous mèneront presque partout et il est assez avantageux de prendre l'avion. Toutefois, en Californie, la voiture est reine et elle seule vous permettra d'apprécier l'immensité et la diversité des paysages. San Francisco peut se visiter à pied à condition de prendre le bus ou le *cable car* (funiculaire) pour monter et descendre les collines; mais Los Angeles est le royaume de la voiture, bien que la ville ait entrepris la construction d'un métro pour lutter contre la pollution et les embouteillages. Vous pouvez gagner en voiture les sites tels que les parcs, en particulier Death Valley mais, une fois sur place, vous serez ravi de laisser votre véhicule et de tout découvrir à pied.

Pour indiquer les routes les Américains utilisent les chiffres et les points cardinaux (e.g. Interstate 80 West ou Route 1 South).

SAN FRANCISCO

Les San-Franciscains avouent qu'ils sont amoureux de leur ville. Vous verrez vanter partout «la ville que tous préfèrent».

Nichée dans les collines autour de la baie, elle tire de ce cadre naturel une intimité peu commune. L'air y est tonifiant et même la brume qui monte de l'Océan apporte plus de romantisme que de froid.

Si vous êtes en voiture, commencez par le **49-Mile Drive**, un circuit assez complet des principaux sites, signalé par une mouette blanche sur des panneaux bleus. Cela vous permettra de vous repérer avant une visite plus détaillée. Arrêtez-vous aux **Twin Peaks**, au sud de Golden Gate Park, pour jouir d'un panorama magnifique sur la ville et la baie.

Garez votre voiture, chaussez des souliers de marche et empruntez le réseau de transports en commun. Vous partirez du pont. La ville en a plus d'un mais il s'agit bien sûr du **Golden Gate Bridge**. Le nom de Golden Gate fut donné en 1846 par le capitaine John C. Frémont à l'entrée du port, mais le chenal, large de 1,6km, resta infranchi jusqu'à ce que le pont, chef-d'œuvre de l'ingénieur Joseph Strauss, fût achevé en 1937. Avec ses quelque 1280m, il fut le plus long pont à travée unique jusqu'à la construction du Verrazano Narrows Bridge de New York en 1964. Mais

Le spectaculaire Golden Gate Bridge ajoute une beauté distincte au port.

il reste sans conteste le plus beau pont suspendu du monde. Sa construction prit quatre ans (il en faut autant pour le repeindre, ce qui signifie que l'on recommence à peine après avoir fini). Prenez un bus jusqu'à l'entrée et traversez-le à pied; c'est une aventure qui vaut l'ascension de la Tour Eiffel. Le pont vibre sous vos pieds et les lampadaires tremblent quand le vent souffle dans les haubans métalliques. Mais n'ayez crainte: les pylônes de 227m ont de solides fondations, à l'épreuve des tremblements de terre.

A quelque distance de là, vous verrez le **San Francisco-Oakland Bay Bridge**, connu sous le nom de Bay Bridge. Sa structure gris argenté se balance jusqu'à Oakland, avec deux travées de

suspension, puis une travée cantilever et un tunnel à travers Yerba Buena Island. C'est un pont que vous prendrez pour aller à Berkeley et au-delà, dans le Wine country (les vignobles – voir p. 40).

A l'extrémité sud du Golden Gate Bridge s'étend, en contrebas, le **site historique national de Fort Point**, où se dresse un fort en brique construit en 1861 pour défendre l'entrée du port. Un personnel en costume d'époque vous guidera autour des anciennes défenses. Le fort s'étend sur le domaine du Presidio, quartier général de la VIe armée des Etats-Unis.

En descendant vers le port de plaisance, vous passerez devant le **Palace of Fine Arts** (palais des Beaux-Arts), vestige restauré de l'exposition Internationale Panama-Pacific de 1915. Sa rotonde, de style gréco-romain, contraste avec les bizarreries technologiques de l'**Exploratorium**, où vous verrez une exposition sur les techniques de pointe – lasers, ordinateurs et instruments musicaux fonctionnant à l'énergie solaire, amusants pour les enfants par un jour de pluie.

L'histoire de la marine à voile (San Francisco y joua un grand rôle) est célébrée dans le port de plaisance par les lignes d'un navire grée en carré, le *SV Balclutha* et les autres objets exposés au **National Maritime Museum**.

On peut rejoindre aussi le musée depuis la ville, en prenant la ligne de tramway de Powell-Hyde. L'autre principale ligne de tramway est celle de Powell-Mason qui aboutit à l'une des attractions les plus populaires de la ville, **Fisherman's Wharf**. Plus tourné vers le tourisme que vers la pêche, ce quartier a des restaurants de spécialités de la mer, un musée de cire et un musée Guiness des Records. Les étals des marchands de fruits de mer bordent le quai et il y a deux centres commerciaux: **Ghirardelli Square**, sis dans les bâtiments en brique rouge d'une ancienne chocolaterie (des concerts gratuits y ont lieu le week-end) et The **Cannery**, qui fut autrefois une conserverie. Le ferry pour Alcatraz part du

Le Fisherman's Wharf a de vrais bateaux de pêche – ainsi que des magasins populaires et des restaurants.

Pier (embarcadère) 41, à l'extrémité du quai. Un grand nombre de nouvelles attractions ont été récemment ajoutées à la **jetée 39** (Pier 39), notamment un aquarium, **Underwater World**, un habitat sous-marin, un grand écran de cinéma identique à celui des cinémas Imax, ainsi que des nouveaux restaurants et arcades. Pour plus d'informations, téléphonez au (415) 981-8030.

Alcatraz

La promenade qui vous mènera à l'ancienne prison insulaire d'Alcatraz est très agréable. Des US Rangers vous proposent une visite, enregistrée sur cassette, instructive et pleine d'humour, au cours de laquelle vous découvrirez ce qui fut la demeure d'Al Capone. Le nom d'Alcatraz est une déformation de l'espagnol *Isla de los Alcotraces* (île aux Pélicans), un rocher aride de 4,8ha.

C'est l'armée américaine, pour laquelle l'île fut un quartier disciplinaire jusqu'en 1934, qui apporta par bateau la terre et l'eau nécessaires aux arbres et aux arbustes qu'on y voit aujourd'hui. Séparée du rivage par 2400m d'une eau glacée parcourue de dangereux courants peuplés de requins, cette île était le lieu idéal pour installer le pénitencier le plus célèbre d'Amérique. Mais son entretien s'avéra onéreux et on le ferma en 1963.

Vous comprendrez ce que «maximum de sécurité, minimum de privilèges» signifiait pour les 250 ou 300 détenus, isolés dans de minuscules cellules et ne disposant que de trois fois 20 minutes de récréation par jour. Le «luxe», c'était les douches chaudes qui empêchaient les détenus de s'acclimater à l'eau froide et leur rendait impossible toute survie dans l'eau glacée. La nourriture y était excellente. Un ancien détenu venu en visiteur (certains y reviennent en pèlerinage) affirma qu'on y mangeait mieux que dans certains restaurants de San Francisco. Les détenus avaient baptisé les rangées de cellules du nom de rues chic comme Park Avenue

Les évadés d'Alcatraz

Personne n'a officiellement jamais pu s'évader d'Alcatraz. Sur les 39 prisonniers qui tentèrent l'aventure, 27 furent repris, sept furent abattus et on n'a jamais retrouvé les corps des cinq autres, qui se sont vraisemblablement noyés.

En 1962, alors que l'histoire de cette île touchait à sa fin, John Paul Scott, après s'être enduit le corps de graisse pour résister au froid, réussit à gagner la côte. Des étudiants le découvrirent agrippé aux rochers de Fort Point, au pied du Golden Gate Bridge, complètement épuisé. Ne réalisant pas qu'ils avaient affaire à un prisonnier évadé, ils crurent charitable, pour le secourir, de prévenir la police.

à New York ou Sunset Boulevard à Los Angeles. La cellule d'Al Capone était au bloc B, seconde galerie, au n° 200.

Les collines

Il y en a environ 40, dont les pentes sont abruptes (on dit que si vous êtes fatigué de marcher dans San Francisco vous pouvez vous y adosser), mais n'essayez pas de les explorer toutes. Une visite à Nob Hill (accessible en tram par Powell-Hyde ou California Street), à Telegraph Hill (en bus) et à Russian Hill, vous donnera un aperçu de la splendeur des résidences de San Francisco.

Le réseau de tramway funiculaire fut installé en 1873 par l'ingénieur écossais Andrew Hallidie et l'une des premières voitures est exposée dans le **Cable Car Barn and Museum** (musée du tramway), à l'angle de Washington et de Mason. On y trouve la machinerie centrale des trams. Les voitures sont fabriquées à la main et sont l'attraction la plus appréciée de la ville. L'ensemble a été classé en 1964 Monument Historique National.

Les maisons victoriennes de **Nob Hill**, lieu d'élection des *nobs* (dérivé, peut-être, de nababs), furent balayées par le séisme de 1906 qui

Les «cable-cars» arpentent bruyamment les rues abruptes.

n'épargna que la prestigieuse résidence de grès de James Flood, aujourd'hui siège du très sélect Pacific Union Club. Vous ne pourrez pas y entrer mais vous pourrez vous balader dans les deux somptueux hôtels de l'endroit, le Fairmont et le Mark Hopkins. La vue panoramique que l'on découvre depuis leurs bars, le Crown Room et le Top of the Mark, vaut bien le prix d'une consommation.

Grace Cathedral, à l'angle de California et Jones, n'est peut-être pas une merveille de l'art néogothique, mais vaut la peine d'être vue pour ses portes de bronze, reproductions des portes orientales du baptistère de Florence réalisées par Ghiberti. Peut-être serez-vous aussi impressionné par les 12 vitraux dédiés aux «progrès de l'humanité» et représentant, entre autres, de grands hommes tels Albert Einstein, Franklin D. Roosevelt, Henry Ford et Frank Lloyd Wright.

Russian Hill, moins opulent que Nob Hill, est un quartier résidentiel plus attachant, avec ses jardins et ses petits cottages. Rompant la monotonie du réseau en quadrillage des rues, les creux et les bosses en montagnes russes des collines de la ville deviennent du délire à **Lombard Street**, entre Hyde et Leavenworth. Quand vous aurez négocié ses sept virages en épingle bordés de jardins, vous ne vous demanderez plus si c'est vraiment la «rue la plus tortueuse du monde». A deux pâtés de maison au sud, Filbert Street peut se vanter d'avoir la pente la plus raide de la ville avec ses 31.5% de déclivité sans le moindre virage.

Escaladez **Telegraph Hill** pour jouir d'une vue sur la baie depuis le sommet de Coit Tower. Cette tour est un des points de repère de la ville. Elle fut construite en 1934, en hommage aux sapeurs-pompiers et sa forme rappelle une lance d'incendie. A l'intérieur, des peintures murales évoquent «La vie en Californie en 1934». Jetez un coup d'œil, autour de Greenwich Steps, sur les cottages et les jardins accrochés

Une rangée de maisons victoriennes colorées borde une place tranquille à la limite de la ville.

à la pente abrupte qui surplombe la baie (c'est une des adresses les plus chic et recherchées de la ville).

Downtown (centre-ville)

L'axe principal du centre-ville de San Francisco est **Market Street**. C'est à mi-chemin de cette rue, au terminus de la ligne de tramway Powell Street, que vous trouverez le Visitor Information Center, où vous pourrez vous procurer un plan avant de partir à la découverte du centre-ville.

Prenez Powell Street jusqu'à **Union Square** (à quelques pâtés de maisons) où se trouvent la plupart des commerces et des théâtres. Vous pourrez y flâner dans des boutiques à la mode, des boutiques spécialisées et des grands magasins tels que Macy's. Continuez jusqu'à Montgomery Street, dans le quartier des banques connu sous le nom de «Wall Street de l'Ouest». Ce quartier fut construit lors de la Ruée vers l'or de 1849 (voir p.17) et scintille maintenant de ses gratte-ciel de chrome et de verre. Allez visiter l'Old Coin and Gold exhibit, à la **Bank of California** (400 California Street) et sa collection de pièces d'or et de monnaies, ou la **Wells Fargo History Room** à la Wells Fargo Bank (420 Montgomery Street), qui expose des souvenirs de la Ruée vers l'or, dont une diligence de la Wells Fargo. Vous ne pouvez pas manquer la **Transamerica Pyramid**, haute de 256m avec une pointe de 64m, qui se dresse à l'angle de Montgomery et Washington. C'est un de ces monuments que les puristes haïssent tout d'abord parce qu'il jure avec l'«esprit» de San Francisco, mais qu'ils célèbrent une génération après parce qu'il incarne son époque.

Grimpez jusqu'à Grant Street et vous voilà à **Chinatown**. Ce quartier très dense, un ghetto imposé au XIXe siècle aux Chinois par les fondateurs de la ville, abrite une communauté consciente de sa puissance et fière, qui a gagné l'admiration de la ville. Avec plus de 82 000 Chinois, San Francisco possède la plus importante colonie chinoise hors d'Asie. Chinatown est délimitée par Broadway, Bush, Kearny et Stockton, le pittoresque centre du quartier étant constitué par les huit pâtés de maisons dans Grant Avenue.

A l'angle de Bush Street et de Grant Avenue, vous franchirez, **Chinatown Gateway**, la porte très décorée qui donne accès à Chinatown. Heureusement pour les touristes, les restaurants, magasins et panneaux indicateurs portent aussi des inscriptions en anglais alors que les banques, agences de voyages et études de notaires ne font pas toujours cet effort.

Mais vous verrez l'influence de la culture américaine dans des institutions telles que l'école catholique St Mary's Chinese School (Clay et Stockton) et Old St Mary's Church, de style néogothique. Quant à Portsmouth Square, sis entre Clay et Washington, c'était jadis la principale place de la ville, l'endroit où Sam Brannan annonça la découverte de l'or en mai 1848. Mais ce sont surtout les conversations en chinois, la foule, les couleurs, l'odeur des cinq épices et des crevettes séchées qui attireront votre attention – un petit coin de Hong Kong en pleine Californie.

A partir de Columbus Avenue commence **North Beach**, une petite Italie avec ses cafés, restaurants, épiceries, glaciers et boulangeries. Ce quartier très vivant est le centre de la colonie italienne et le noyau de la vie intellectuelle et artistique de la ville. North Beach est devenu le repaire d'une foule d'écrivains bohèmes depuis le jour où, dans les années 1950, le poète Lawrence Ferlinghetti rassembla ses amis *beatniks* autour de sa librairie City Lights. Cette librairie, ouverte en 1953, fut la première en Amérique à vendre des livres de poche et elle est toujours aussi florissante, ouvrant tous les jours jusqu'à minuit.

Une fois votre exemplaire de *On the Road* (Sur la route) en poche, traversez Jack Kerouac Street et allez lire votre nouvel achat devant un verre au Vesuvio, un autre repaire littéraire. Ou bien achetez un sandwich dans une épicerie fine et offrez-vous un pique-nique à Washington Square, une tache de verdure dominée par la blancheur des flèches de l'église St-Pierre et St-Paul, ou Marilyn Monroe et Joe Di Maggio se marièrent en 1954.

Le secteur situé à l'extrémité sud de Columbus Avenue s'appelait jadis Barbary Coast, un quartier de docks où les matelots de sortie hantaient les bars et les bordels tandis que leurs capitaines embarquaient de force quelques ivrognes afin de remplacer les disparus. Ce quartier fut détruit par l'incendie qui suivit le Grand Séisme de 1906 mais il a gardé sa mauvaise réputation grâce à ses *topless bars* et à ses clubs de strip-tease sur Broadway.

Vous trouverez des distractions plus intellectuelles à l'angle de Market Street et Van Ness Avenue, où s'étend tout un complexe de bâtiments relevant de l'administration locale ou fédérale, appelé **Civic Center**. Il est né de l'ambitieux effort d'urbanisation qui suivit le séisme de 1906 et les premiers édifices (en particulier le dôme vert du City Hall et la superbe Public Library) forment le plus bel ensemble architectural de style Renaissance française du pays. En face du City Hall se dressent deux façades jumelles: le Veteran's Building, qui abrite le San Francisco Museum of Modern Art et le War Memorial Opera House, où fut signée en 1945 la Charte des Nations Unies. N'oublions pas la façade de verre bombé du Louise M. Davies Symphony Hall, qui abrite l'orchestre symphonique de San Francisco.

Le quartier situé au sud de Market Street était jadis un secteur de taudis, d'entrepôts et de chantiers ferroviaires mais un nouveau développement et des loyers modérés ont suscité de nouveaux intérêts. **SoMa** (c'est ainsi qu'on l'appelle, abrégé de *south of Market*) abrite l'immense Moscone Convention Center, et le San Francisco Museum of Modern Art et les rues voisines sont le centre le plus en vogue de la ville pour la vie nocturne.

De merveilleux jardins de fleurs entourent le conservatoire Golden Gate Park.

Golden Gate Park

Fuyez les gratte-ciel du centre et prenez le bus Fulton n° 5 jusqu'à Golden Gate Park. A l'origine une terre aride de dunes de sable et de broussailles, il devint un parc luxuriant grâce à John MacLaren qui en fut le directeur pendant 50 ans, jusqu'à sa mort en 1943. Aujourd'hui, le parc est un délicieux paysage de bois touffu, de rhododendrons, de petits lacs et de collines, avec un arboretum, des jardins botaniques, des terrains de sports, des pistes cyclables, un centre d'équitation et un échiquier en plein air appelé le Card Shelter. A l'extrémité se trouve un terrain de jeux pour enfants et le Conservatory of Flowers, une serre victorienne transportée par bateau de Grande-Bretagne.

Au-delà du parc s'étend le **quartier de Haight-Ashbury**, connu pour avoir été dans les années 60 le théâtre du *Summer of Love* (l'été de l'amour) où des milliers d'«enfants-fleurs» affluèrent dans la ville. Aujourd'hui, vous verrez plus de «yuppies» que de hippies car l'implantation de magasins et boutiques, suivie d'une réhabilitation régulière, promet une amélioration continue.

Trois grands musées sont groupés autour du Music Concourse (centre de musique). Le **M H de Young Memorial Museum** rassemble de l'art africain et des œuvres de Titien, du Tintoret, du Greco et de Rembrandt mais il est plus connu pour sa collection d'art d'Amérique du Nord de 1670 à nos jours. L'**Asian Art Museum** (musée de l'art asiatique), qui lui est attenant, expose plus de 10 000 trésors d'art oriental, collection donnée à la ville par le milliardaire de Chicago Avery Brundage. En face, se trouve la **California Academy of Sciences** qui abrite un musée d'histoire naturelle, un aquarium et un planétarium; cet ensemble a été récemment rénové.

La partie située à l'extrême ouest du parc possède deux moulins à vent du début du siècle surplombant les vagues qui se brisent sur **Ocean Beach**. Avec ses eaux glaciales et ses courants dangereux, c'est plutôt une plage pour promenades ou bains de soleil, ou pour surfeurs expérimentés (la baignade est déconseillée). Dominant l'extrémité nord de la plage, la **Cliff House** (1909) abrite à présent un restaurant et un musée. L'immeuble actuel fut construit en 1909. On y trouve deux restaurants, une salle de banquet et le **Musée Mécanique** où il y a une des plus grandes collections privées d'instruments de musique automatique à monnaie. D'ici, on a une très belle vue sur les Seal Rocks (rochers aux Phoques, lieu de prédilection des chasseurs d'otaries) et, par temps clair, sur les Farallon Islands, distantes de 48km.

LA BAIE ET AU-DELA

La ville de San Francisco ne couvre que 119km^2 à la pointe de sa péninsule, mais ses banlieues et les communes qui lui sont rattachées s'étendent tout autour de la baie avec une population de 6 millions d'habitants. La Bay Area (région de la baie) comprend The Peninsula (la péninsule) au sud, avec les villes de Palo Alto et San Jose et le complexe industriel de Silicon Valley; l'East Bay (est de la baie) au-delà du Bay Bridge, comprenant le port d'Oakland et la ville universitaire de Berkeley; enfin, Marin County, la banlieue la plus riche et convoitée de San Francisco avec ses collines boisées et ses jolis villages. Au nord s'étendent les vignobles des vallées de Napa et de Sonoma.

Marin County

Immédiatement au nord de San Francisco se trouvent les deux charmantes villes portuaires de **Sausalito** et de **Tiburon**, auxquelles vous accéderez soit en voiture par le Golden Gate, soit par le ferry (depuis le Ferry Building au bas de Market Street pour Sausalito, ou le Pier 43 près de Fisherman's Wharf pour Tiburon). Ces villes, dont la plus paisible est Tiburon (Sausalito serait plutôt un attrape-touriste), ont une ambiance toute méditerranéenne avec ses ports de plaisance, galeries d'art, boutiques d'artisanat et agréables bistrots et cafés installés sur les promenades donnant sur la baie.

Plus à l'intérieur se trouve la ravissante ville de Mill Valley, au-delà de laquelle s'élève le **Mount Tamalpais** (794m). C'est ici que fut inventé le VTT (*mountain bike*) dans les années 70 et on trouve de nombreuses pistes de randonnée ou cyclables. Mais si vous vous sentez un peu paresseux, vous n'aurez qu'à suivre en voiture le Panoramic Highway jusqu'à quelques centaines de mètres du sommet. De là-haut, vous aurez une vue fantastique sur la baie, la ville et, au-delà, le Mount Diablo et même, par temps clair, la Sierra Nevada.

L'autoroute 1, qui serpente entre les collines jusqu'à la côte, passe par le **Muir Woods National Monument**, du nom du naturaliste écossais John Muir, à l'origine du mouvement de protection de l'environnement vers 1900. Le parc abrite plusieurs forêts de magnifiques séquoias dont certains atteignent 76m de haut et ont plus de 1000 ans. Des chemins de randonnée serpentent parmi les arbres géants.

L'autoroute continue jusqu'à **Point Reyes National Seashore**, un parc côtier sauvage avec des collines accidentées, des baies de sable et des vagues impétueuses. Découvrez la lagune de Drake's Bay, paradis des oiseaux, une petite baie où Francis Drake revendiqua la Californie au nom de l'Angleterre en 1579, ou promenez-vous le long du Earthquake Trail (chemin du tremblement de terre) qui suit la faille de San Andreas.

Berkeley

Prenez le métro (BART) à Market Street ou traversez le Bay Bridge en voiture pour faire un pèlerinage au campus de l'**University of California** de Berkeley, qui fut le théâtre du mouvement radicaliste étudiant des années 60. C'est le plus

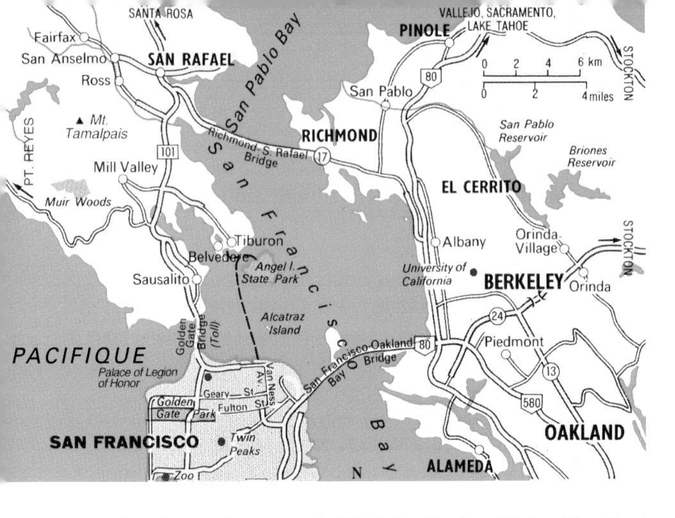

ancien des neuf campus de l'UC. Le *Student Union* (Syndicat des étudiants) dans Telegraph Avenue, organise du lundi au vendredi, à 13h, la visite de la bibliothèque, des musées, jardins et autres sites. L'entrée est gratuite et tout y est facilement accessible, ce qui vous donnera une idée de l'esprit de Berkeley. Les rues voisines sont bordées de cafés et d'intéressantes librairies.

Le pays des vignobles

Les numéros de téléphone ont 10 chiffres aux Etats-Unis. Les trois premiers représentent l'indicatif (area code).

Les pittoresques vallées de Napa et de Sonoma produisent du vin qu'elles commercialisent depuis le milieu du XIXe siècle. Aujourd'hui, les vins californiens comptent parmi les meilleurs du monde. Il existe plus de 200 *wineries* (caves vinicoles) dont la plupart proposent une visite guidée avec dégustation. Les caves les plus intéressantes sont celles de Mondavi, Martini, Beaulieu et Beringer à Napa et de Souverain et Sebastiani à Sonoma.

Vous pouvez vous y rendre à partir de San Fancisco par la route Interstate 80 en franchissant le Bay Bridge. Vous pouvez aussi faire cette excursion en autocar; le San Francisco Visitor Information Center (office du tourisme) vous communiquera les adresses d'agences spécialisées. Les vendanges commencent vers la mi-août (le soleil de la Californie est moins «fantasque» que celui d'Europe). Attention! La région toute entière est envahie de touristes à longueur d'année et la Napa Valley en particulier. Prenez donc la précaution, si possible, de réserver à l'avance. Toujours selon la tradition française, les meilleurs restaurants sont fermés le mardi.

LA COTE PACIFIQUE

La Highway 1 relie San Francisco à Los Angeles, en longeant 643km (400 miles) de côtes d'une beauté spectaculaire.

En attendant le Grand Séisme

San Francisco se trouve juste au sommet de la San Andreas Fault (faille de San Andreas), une importante fracture de la croûte terrestre, longue de 965km (600 miles), qui part du Golfe de Californie, en direction du nord-ouest, passe sous la ville et sépare Point Reyes de la côte. Le tunnel du métro BART, entre San Francisco et Oakland, fut percé en pleine faille.

La péninsule de Baja California et la partie de la côte située à l'ouest de la faille s'éloignent du reste du continent d'environ 1cm par an. Aucun mouvement ne s'est produit dans la faille au niveau de San Francisco depuis le séisme dramatique de 1906, mais les experts prévoient qu'il y a une chance sur deux pour qu'un séisme majeur (le Big One tant redouté) survienne au cours des 30 prochaines années.

La plupart des touristes feront une halte à la Monterey Peninsula, une côte de rochers escarpés et de cyprès noueux battue par les vagues, habitée par les otaries, les loutres et les pélicans. La ville principale est **Monterey**, l'ancienne capitale espagnole et mexicaine de la Californie du Nord. La baie de Monterey fut découverte en 1542 mais ne fut colonisée qu'en 1770, lorsque le père Junípero Serra y fonda une mission. La statue de Serra, érigée sur Corporal Ewin Road, surplombe la baie.

La ville est fière de son passé et propose un circuit balisé qui vous fera découvrir les monuments historiques de la vieille ville du XIXe siècle. Ne manquez pas **Larkin House**, à l'angle de Jefferson et de Calle Principal, ancienne résidence du premier (et unique) consul américain dans les années 1840 et **Stevenson House**, sise 530 Houston Street, où l'écrivain écossais Stevenson vécut quatre mois à son arrivée en Californie en 1879. Tout près, la côte autour de Point Lobos aurait inspiré le décor de son roman *L'Ile au trésor.*

Dans Church Street, vous trouverez le site de l'église en adobe bâtie par le père Serra. Reconstruite en 1795, c'est aujourd'hui la **Royal Presidio Chapel**, ou cathédrale de San Carlos de Borromeo. En bord de mer, sur la **Customs House Plaza**, se trouve le nouveau Maritime Museum et l'ancienne Custom House (1827) où, en 1846, le commodore John Sloat revendiqua Monterey au nom des Etats-Unis et hissa le drapeau américain.

A côté de la Plaza se trouve le **Fisherman's Wharf** de Monterey. Comme celui de San Francisco, il est bordé de boutiques et de restaurants et offre une vue sur les bateaux mouillant dans la Marina. On ne trouve ici que du poisson frais mais, hélas, en quantité si faible que Cannery Row n'est plus qu'une curiosité pour touristes, malmenée par les intempéries. Les pêcheries ont fermé dans les années 40, faute de sardines, mais les conserveries en bois du front de mer, immortalisées par John Steinbeck dans son roman *Rue de la Sardine* comme «un poème, une puanteur, un bruit de rape, une certaine qualité de lumière, une teinte, une habitude, une nostalgie», ont repris vie sous forme de magasins de souvenirs, de jolies petites boutiques et d'ateliers d'artistes.

Un cyprès offre un peu d'ombre à Pebble Beach, près de Monterey.

L'une de ces anciennes conserveries abrite le magnifique **Monterey Bay Aquarium**, l'un des plus beaux du monde; on y découvre la faune et la flore sous-marines uniques de la baie de Monterey. L'attraction principale est un extraordinaire fucus haut de 10m, habitat de la faune sous-marine la plus riche de Californie. Les enfants aimeront le *Sea Otter Pool* (bassin des loutres) et les *Touch Pools* où ils pourront toucher les anémones, les crabes et les raies.

Une autre promenade consiste à suivre le 17-Mile Drive, une pittoresque route à péage que vous emprunterez à partir de Lighthouse Avenue à **Pacific Grove**, une agréable ville côtière avec des maisons victoriennes et des cottages à clins, à quelques kilomètres de Monterey. La route, qui traverse de magnifiques bois de cyprès, longe une côte rocheuse où vous pourrez observer des oiseaux, loutres et otaries en liberté; elle traverse ensuite le célèbre golf de Pebble Beach avant d'atteindre l'élégante station balnéaire de **Carmel-by-the-Sea**, célèbre pour avoir eu Clint Eastwood comme maire. C'est un village au charme suranné, avec des cottages kitsch et des rues étroites bordées d'arbres, regorgeant de restaurants chers, de galeries d'art et de boutiques d'artisanat. Au bas d'Ocean Avenue s'étend la plage de sable blanc de Carmel Beach, bordée de pins et de cyprès. Au sud-est de la ville se trouve **Carmel Mission**, où repose le père Junípero Serra.

***Vacancy* signifie chambres libres, alors que *No vacancy* signifie complet.**

La **Point Lobos State Reserve** vous permettra de descendre à l'océan. Vous y verrez jouer les loutres de mer, flottant sur le dos et mâchant un juteux ormeau et, de décembre à mars, vous pourrez voir des migrations de baleines grises.

L'autoroute côtière de Carmel à Big Sur n'est longue que de 48km (30 miles) mais il vous faudra compter une bonne heure et conduire très prudemment. Coincée entre le Pacifique et les montagnes de Santa Lucia, la route, toute en virages, suit une étroite corniche taillée dans le rocher très haut au-dessus des vagues violentes. Des ponts impressionnants enjambent de profonds canyons.

Les nombreux parcs d'Etat situés le long de la côte de **Big Sur** offrent de merveilleuses possibilités pour les randonnées pédestres, le camping, le pique-nique et la pêche. C'est ici qu'habita l'écrivain Henry Miller dans les années 50–60 et nombre d'artistes y ont encore des cabanes dans les bois et les canyons. A l'époque où les stars du cinéma étaient ro-

Des colonnes grecques et une piscine avec des mosaïques romaines enjolivent la propriété du Hearst Castle, le «château de conte de fées» de William Randolph Hearst.

mantiques, c'est à Nepenthe qu'Orson Welles fit bâtir pour Rita Hayworth un cottage de lune de miel. Celui-ci abrite aujourd'hui un restaurant qui vaut la visite pour sa vue imprenable sur l'océan.

Cette côte accidentée continue encore sur 105km (65 miles) jusqu'à San Simeon, où William Randolph Hearst, la magnat de la presse immortalisé par Orson Welles dans *Citizen Kane*, fit bâtir son incroyable «château de conte de fées» au sommet d'une colline dominant le Pacifique. **Hearst Castle** est maintenant la principale attraction du Hearst San Simeon State Historical Monument et la deuxième attraction la plus populaire de Californie, juste après Disneyland. Consacrez au moins deux heures à la visite (visite guidée uniquement) à laquelle vous vous inscrirez au Visitor Center. Mais tâchez de réserver au préalable par téléphone au Destinet 1(800) 444-7275 (surtout en été). Pour visites en groupes appelez le 1(800) 401-4775.

William Randolph Hearst (1863–1951) était un richissime magnat de la presse. Il commença à bâtir cette grandiose demeure en 1919, sur un ranch hérité de son père qui avait lui-même fait fortune dans les mines du Comstock Lode au Nevada; la construction n'était toujours pas achevée à sa mort en 1951. Il entretint ici pendant 30 ans sa maîtresse, l'actrice de cinéma Marion Davies et il y reçut des hôtes tels que Charlie Chaplin, Charles Lindbergh, Scott et Zelda Fitzgerald, Winston Churchill, Greta Garbo et le photographe Herman Mankiewicz, qui fixa pour la postérité la belle vie à San Simeon.

Vous atteindrez Hearst Castle en bus (8km du Visitor Center au sommet de la colline) en passant par le parc qui fut le zoo privé de Hearst. Les lions, singes, guépards, kangourous et autres ours polaires ont disparu depuis longtemps mais on y voit des moutons de Barbarie, des chèvres et des zèbres.

L'architecte san-franciscaine Julia Morgan conçut le *cas-*

tle selon les instructions de Hearst, qui voulait que ce fût une vitrine pour son incroyable collection d'art européen. L'étonnante diversité de cette collection commence avec une piscine de 32m en mosaïque romaine enserrée par une gracieuse colonnade grecque et une copie de la statue florentine du *David* de Donatello.

Le bâtiment principal et les quatre dépendances avec terrasses et jardins sont un cocktail de styles grec, romain, gothique, baroque, espagnol et mauresque où s'entremêlent des œuvres d'art authentiques et des copies: de la poterie espagnole authentique et des copies locales; un sarcophage romain et une déesse égyptienne vieille de 3 500 ans, alors que la façade du château, avec les frises équestres du balcon et les gables gothiques, est modelée presque entièrement dans le béton armé. Au-dessus de l'imposante entrée principale siège rien de moins qu'une *Madone à l'Enfant* du XIIIe siècle.

A l'intérieur du château, le mélange des styles ne connaît plus de limites. La salle à manger possède un splendide plafond à caissons en bois de cèdre d'un monastère de Bologne, avec des bannières de la fête du *palio* à Sienne. Sur la table dressée pour vingt-deux hôtes, le dilettantisme de Hearst atteint son apogée: de superbes chandeliers et carafes de style reine Anne (XVIIIe siècle) se mêlent au ketchup, aux cornichons et à la moutarde présentés dans leur pot d'origine.

Après San Simeon, la côte devient moins escarpée et les fermes et les installations pétrolières remplacent rochers et canyons. La Route 1 rejoint la Federal Highway 101 à San Luis Obispo pour la dernière partie du trajet jusqu'à Los Angeles, mais deux localités valent encore le détour.

La ville de **Lompoc** (Route 135 puis Route 1 à partir de Santa Maria), entourée de jolis champs de fleurs, est surnommée *Flower-Growing Capital of the World* (capitale mondiale des fleurs). Située à la périphérie de la ville, vous pourrez

Revisitez l'histoire à la Mission Lompoc restaurée de manière authentique.

voir **La Purisima Mission**, fondée en 1787 et reconstruite en 1813 à la suite d'un séisme. Des vingt et une missions san-franciscaines de Californie, c'est la mieux restaurée. Ses anciens murs en adobe rose et blanc offrent un havre de paix dans les bâtiments où vivaient et travaillaient missionnaires, soldats et Indiens. Le jardin est rempli d'oliviers et de mûriers et tout un cheptel d'ânes, moutons *churro* à quatre cornes et dindons donne aux lieux l'aspect des années 1820.

En arrivant à **Santa Barbara**, vous ne pouvez plus douter d'avoir atteint la Californie du Sud. Les rues bordées de palmiers, les trottoirs pavés de briques rouges, les maisons basses de style Renaissance espagnole s'étendent depuis la magnifique plage jusqu'aux flancs des collines, exhalant le bronzage et l'argent. C'est un lieu de week-end pour les habitants les plus riches de Los Angeles et de résidence pour des gens tels que Ronald Reagan et Michael Jackson. Mais il y a aussi des sites historiques: le musée, situé dans Santa Barbara Presidio State Historic Park, au centre-ville et, plus haut sur la colline, la **Mission Santa Barbara**. La mission, fondée le 4 décembre 1786, jour de la Sainte-Barbara, offre une visite balisée de son église restaurée et des dépendances. La Santa Barbara County Courthouse, un bel édifice de style hispano-mauresque datant de 1927, vaut aussi la peine d'être vu.

LOS ANGELES

Los Angeles (LA) est par excellence une ville du XXe siècle, une des plus florissantes métropoles du monde, que seule la technologie moderne pouvait faire jaillir du désert.

Des ingénieurs de génie (et aux affaires louches) ont conduit à travers montagnes et déserts l'eau captée à des centaines de kilomètres afin de désaltérer la ville et d'alimenter les luxueux jardins. Un immense espace a permis à la ville de s'étendre, mais qu'importent les distances – l'essence bon marché et l'automobile ont contribué à la création d'un réseau de *freeways* qui, reliant la côte, les collines et les plus lointaines vallées, en a fait une monstrueuse agglomération. Si vous atterrissez à LA de nuit,

L'automobile: un mode de vie

L'agglomération de LA a été conçue pour l'automobile: il y a 2413km de *freeways* (autoroutes gratuites) et les parkings occupent 25% des terrains communaux. Sans jamais quitter votre siège, vous pouvez, si vous le voulez, commander un hamburger, déposer un chèque à la banque, voir le dernier film, suivre la messe et rendre des livres empruntés à la bibliothèque.

vous aurez une vue grandiose de ce réseau routier où voitures et camions circulent comme des globules sanguins dans les veines d'un être vivant.

La ville couvre une telle superficie que, lors d'une première visite, le touriste peut se sentir facilement perdu. Le meilleur moyen de la visiter, c'est encore secteur par secteur: Downtown, Hollywood, Westside, The Coast, The Valleys et enfin Orange County.

Downtown (centre-ville)

Depuis qu'il développe ses activités culturelles, le secteur commerçant du centre-ville est de plus en plus attirant et devient le cœur de la ville. Il se trouve à l'intersection du réseau autoroutier et du réseau (en construction) du métro. C'est aussi le cœur historique de Los Angeles. **El Pueblo de Los Angeles State Historic Park** (le parc historique d'Etat du peuple de Los Angeles) a des maisons du village mexicain d'origine autour duquel la ville s'est développée. A Olvera Street se trouve un marché mexicain, bordé d'échoppes et de bâtiments historiques, dont l'Avila Adobe, le plus vieil édifice de LA (1818). La moitié de la population mexicano-américaine (*chicano*) de Californie vit au centre de LA et c'est à Grand Central Market, au nord de Pershing Square, que vous aurez l'ambiance la plus mexicaine.

Au nord du Pueblo, vous trouverez les rues bondées et l'architecture orientale de la **Chinatown** de LA, tandis qu'au sud se trouve le **Little Tokyo** (petit Tokyo), centre de la communauté japonaise de la ville. Le Japanese Village Mall est un lieu commerçant populaire avec ses ruelles tortueuses bordées de bonsaïs, jardins de rocaille et *sushi bars*. Tout près se dresse un monument à la mémoire de la navette spatiale *Challenger* et une statue de l'astronaute nippo-améri-

Des pubicités éveillent l'attention sur des panneaux le long du Hollywood Sunset Strip.

cain Ellison Onizuka, l'une des sept victimes de l'accident de 1986.

Le quartier commercant autour de Flower Street est le secteur le plus dynamique du centre-ville. Il abrite un grand nombre d'institutions culturelles nées ces dernières années. Le magnifique **Museum of Contemporary Art (MOCA)**, sur California Plaza, présente une collection d'œuvres de Mondrian, Pollock, Rauschenberg et autres artiste novateurs américains. Les conservateurs du MOCA restent à la pointe en commandant de nouvelles œuvres qu'ils exposent à côté des classiques modernes. Dans Central Avenue, le **Temporary Contemporary** abrite des expositions itinérantes.

Le **Music Center**, à l'angle de First Street et de Grand Street, possède une pléthore de salles de concerts et des théâtres tels que le Dorothy Chandler Pavilion et le Ahmanson Theater. Des visites guidées vous en feront découvrir l'architecture et la sculpture.

Au sud-ouest du centre-ville, à côté du campus d'University of Southern California, s'étend **Exposition Park** où se déroulèrent les Jeux olympiques de 1932. Parmi les installations sportives se trouvent une demi-douzaine de bons musées et vous flânerez dans le Rose Garden (jardin des roses) où, au printemps, fleurissent non moins de 16 000 rosiers.

Plus au sud se trouve le quartier noir de Watts, qui connut de violentes émeutes en 1965 et 1992 et qui abrite l'un des monuments les plus bizarres et les plus drôles de la ville: les **Watts Towers** (1765 East 107th Street, près de Harbor Freeway). C'est un couvreur nommé Simon Rodia qui éleva, entre 1921 et 1954, trois hautes tours pointues avec de la vieille ferraille, du fil de fer, des éclats de poterie de couleur, des coquillages, des morceaux de galets et de verre, le tout tenu par du ciment. Le résultat est tout à fait surprenant.

Watts Towers – un des plus bizarres monuments de LA.

A l'ouest du centre-ville, évitez l'autoroute et prenez **Wilshire Boulevard**, qui resplendit de prospérité avec ses grands magasins et hôtels; c'est en outre la plus riche «exposition» d'architecture art déco qui caractérisa la croissance de Los Angeles dans les années 20 et 30.

A noter en particulier le grand magasin Bullocks

Wilshire (aujourd'hui I. Magnin's), à l'angle de Kingsley et l'immeuble de la société d'assurances Franklin Life sur Van Ness et 52209 Wilshire.

Beverly Hills où jeter des détritus est presqu'un crime et faire des achats est un art.

Plus à l'ouest, bordant Wilshire, s'étend le Hancock Park où l'on peut voir les **La Brea Tar Pits**: les dépôts de pétrole suintent à travers les fissures et s'évaporent, créant des lacs naturels de goudron (*la brea* veut dire «goudron» en espagnol). Le George C. Page Museum voisin renferme des squelettes de mammouths, de mastodontes, de tigres aux dents de sabre et d'autres créatures qui restèrent prisonnières du goudron à l'ère glaciaire.

A côté des Tar Pits se trouve le **Los Angeles County Museum of Art** dont les bâtisses, d'un modernisme provocateur, abritent l'une des plus belles collections d'art de l'Etat, parmi laquelle d'étonnants spécimens d'art indien, népalais et tibétain, de peintures japonaises sur parchemin, de dessins d'expressionnistes allemands et d'art pré-colombien. Vous y verrez en outre d'autres merveilles, dont des œuvres importantes de Rembrandt, Hals, Dürer, Picasso, ainsi que de peintres impressionnistes.

Hollywood

Les empreintes de mains, de pieds et de sabots des stars de Hollywood ont été immortalisées depuis 1927 dans le ciment de la cour du **Mann's Chinese Theater** (sis au 6925 Hollywood Boulevard) au cœur de Tinseltown. La plupart des stars se sont agenouillées pour y laisser l'empreinte de leurs mains, mais Fred Astaire y laissa l'empreinte de son pied, John Wayne celle de son poing et le cow-boy Tom Mix celle du sabot de son cheval.

D'autres empreintes originales: le cigare de George Burns, les pieds nus de Paul Newman, les orteils de Shirley Temple et les traces du D2R2 de *La Guerre des étoiles*.

En arpentant Hollywood Boulevard, l'un des rares endroits de Los Angeles où vous verrez des promeneurs, vous lirez plus de 2500 noms d'acteurs gravés sur des étoiles de bronze enchassées dans le trottoir **Walk of Fame**. Vous longerez Frederic's of Hollywood avec son musée de lingerie et le Roosevelt Hotel, superbement restauré. Entre La Brea et Western Avenue, le boulevard garde un peu du charme des années 20 et 30 avec ses maisons basses en stuc, deux ou trois palmiers anémiques et quelques Packard et Buick d'avant-guerre garées le long du trottoir. Les alentours ne sont pas très reluisants, même si les librairies d'occasion, spécialisées dans les livres et posters sur le cinéma, sont ex-

Voyez si vous êtes à la mesure des étoiles au Mann's Chinese Theater.

Ne vous inquiétez pas: Les illusions deviennent réalités aux Universal Studios.

cellentes. Quant aux studios, cela fait longtemps qu'ils ont déménagé vers le nord d'Hollywood et Burkbank.

Un peu plus au nord se trouve le **Hollywood Bowl**, splendide auditorium en plein air dans lequel l'orchestre philharmonique de LA donne des concerts avec pour toile de fond les énormes lettres illuminées HOLLYWOOD, plantées dans les collines.

Au sud de Hollywood Boulevard, voici la rue la plus célèbre de Los Angeles, **Sunset Boulevard**. Le tronçon entre Hollywood et Beverly Hills s'appelle de nos jours simplement *The Strip* et fut à l'apogée des années 30 et 40 le terrain de jeux de gens riches, avec ses night-clubs et ses restaurants à la mode.

La visite des studios de cinéma et de télévision constitue l'une des plus agréables attractions de Hollywood. Deux chaînes de télévision (CBS et NBC) vous accueilleront sur leurs plateaux et vous montreront les coulisses de spectacles parmi les plus populaires des Etats-Unis. Vous pouvez demander un billet pour les spectacles en direct, mais les places sont limitées. Les

Universal Studios, au nord de Hollywood Freeway, proposent une visite guidée en petits trains électriques. En plein tournage d'effets spéciaux, vous serez pris dans les tirs croisés d'engins spatiaux, attaqué par le requin des *Dents de la mer*, confronté à un King Kong haut de trois étages et victime de séismes, d'inondations et d'incendies; vous n'en aurez jamais autant vu dans les films de catastrophes. Vous pourrez passer dans les coulisses et voir les différents procédés de trucages. Le clou de la visite est le voyage *Back to the Future* (*"Retour vers le futur"*). Assis dans un simulateur de vol, réplique de la fameuse DeLorean (voiture à remonter le temps), vous serez emporté dans une course terrifiante à travers le temps et l'espace, de l'ère glaciaire au XXIe siècle.

Près de la Ventura Freeway, vous trouverez les studios de la Warner Bros., qui effectuent la visite, par petits groupes, des plateaux où sont tournés les effets spéciaux, des décors et des coulisses – même pendant un tournage si vous en avez la chance.

Puisque vous êtes dans la partie nord de la ville, faites un tour sur les collines de Hollywood, d'où la vue sur LA est superbe. Prenez **Mulholland Drive**. Vous apercevrez Long Beach, par temps clair, à 40km de distance par-delà l'immensité de la ville.

L'observatoire de **Griffith Park** offre aussi une vue splendide. Quadrillé de routes et de chemins de randonnée, ce parc qui s'étale sur la partie est des collines de Hollywood est le plus grand parc urbain des Etats-Unis. Les fans de James Dean reconnaîtront l'observatoire où fut tournée la fameuse scène de *La Fureur de vivre*. Par temps clair, la vue que l'on a depuis la terrasse est fantastique, des gratte-ciel du centre-ville jusqu'à l'océan. Allez-y au crépuscule, quand les lumières s'allument dans la ville.

Westside

Les riches avenues de Beverly Hills sont bordées de hauts palmiers élégants.

Le bord ouest de Hollywood se fond avec les pentes de Laurel Canyon et de **Beverly Hills**, qui abritent les somptueuses demeures des stars du cinéma. A l'abri des regards, ces maisons sont puissamment gardées, mais en parcourant les avenues chic et bien entretenues, vous sentirez l'opulence des lieux. Les maisons sont peintes dans tous les tons pastel imaginables et leur architecture mélange les styles espagnol, gothique, Bauhaus et Renaissance. Méfiez-vous de ceux qui vendent dans la rue les plans «officiels» des résidences des célébrités: outre qu'ils sont faux, il n'y a souvent rien d'autre à voir qu'un portail bien gardé.

Beverly Hills est re-marquable de propreté et le désordre y est presque considéré comme un crime. Le quartier est extrêmement policé et, sauf sur quelques rues commerçantes telle Rodeo Drive, le piéton est suspect – surtout la nuit. Si vous tenez vraiment à vous y promener, mettez des tennis et un survêtement: la police croira que vous faites du jogging. Le campus universitaire de l'UCLA (University of California – Los Angeles) à **Westwood Village**, a une ambiance plus studieuse mais non moins agréable. Contrairement à Beverly Hills, il fait bon flâner dans les rues du Village; vous y trouverez les meilleurs cinémas de la ville, où l'on projette les nouveaux films en avant-première.

Si Hollywood vous a donné la nostalgie des heures de gloire du cinéma, peut-être souhaiterez-vous rendre hommage à Marilyn Monroe au Westwood Memorial Park (1212 Glendon Avenue, au sud de Wilshire Boulevard). Une modeste plaque honore la mémoire de l'actrice.

«La Plage»

The Beach, comme on l'appelle ici, s'étend sur 64km (40 miles), de Malibu à Palos Verdes, en passant par Santa Monica, Venice, Marina del Rey, Hermosa et Redondo, pour voir ensuite les sables blancs se perdre dans la pollution des chantiers navals de San Pedro et de Long Beach. Pour s'imprégner de la ville, mieux vaut commencer par là. La plage de LA n'est pas seulement un lieu de vacances ou de week-end; c'est toute l'année un terrain de jeux, un centre social, un gymnase, un solarium et un bar.

Malibu est la plus «relax» des plages fréquentées par les gens du cinéma. Au lieu de se barricader derrière des clôtures électriques gardées par des dobermans, comme cela se passe à Bel Air et à Beverly Hills, ici les acteurs et les metteurs en scène «en vue» font leur jogging sur le rivage ou leurs courses au supermarché.

Le **J. Paul Getty Museum** est probablement l'attraction la plus célèbre de Malibu (au 17985 W. Pacific Coast Highway, Malibu). Au premier coup d'œil, ce musée vous rappellera le Hearst Castle de San Simeon (voir p.46). C'est sans conteste une intéressante collection d'art mais dans un décor, réplique d'un gigantesque palais romain, qui évoque les tendances prétentieuses de San Simeon sans en avoir toutefois le méli-mélo flamboyant. Le musée est fermé depuis le mois de juillet 1997 pour cause de rénovations et il rouvrira en l'an 2001

Des peintures murales donnent un fond coloré aux rues de Venice.

avec seulement les antiquités grecques et romaines.

Getty savait bien ce qu'il voulait collectionner: les arts grec, romain, Renaissance, baroque et rococo français l'intéressaient plus particulièrement.

Parmi son impressionnante collection d'œuvres antiques, la pièce maîtresse est le *Getty bronze*, statue d'un champion olympique datant du IVe siècle av. J-C, que certains experts croient être la seule œuvre encore existante de Lysippus, sculpteur à la cour d'Alexandre le Grand.

Le nouveau **centre Getty**, situé au 1200 Getty Center Drive, Los Angeles, CA 90049, tél. (310) 440-7300, est ouvert depuis mi-décembre 1997. Il abrite toutes les oeuvres d'art qui se trouvaient précédemment au Musée Getty à Malibu et bien plus encore. Parmi les peintures, on peut admirer les superbes oeuvres de Raphaël, Rubens, Van Dyck et Rembrandt. Jusqu'en 2001, les visiteurs ont la possibilité de voir

Qui veut jouer au volley? La plage de Santa Monica est un bon endroit.

une sélection d'antiquités grecques et romaines.

La **Surfrider Beach** (plage de surf) de Malibu attire les champions du monde entier et les surfeurs locaux. Beaucoup utilisent encore les anciennes *big guns* (planches d'au moins 3m de long). Malibu Pier est un excellent lieu de pêche tandis que les plages de Las Tunas et de Topanga sont plus propices à la natation et au bain de soleil. Le seul phénomène naturel qui menace le bien-être ensoleillé de Malibu est la violente marée ou un glissement de terrain qui, parfois, entraîne au fond du Pacifique les fragiles villas en bord de mer.

La ville de **Santa Monica** est construite sur un sol plus ferme qui convient mieux à sa classe moyenne. Avec sa plage, c'est l'un des endroits les plus agréables de LA, fréquenté par les artistes et les entrepreneurs de l'industrie des loisirs. Vous pouvez apprécier, le soir, ses nombreux restaurants, boîtes de nuit et théâtres de qualité; dans la journée, sa belle plage avec une jetée pleine d'attractions, un ancien carrousel et des galeries marchandes.

Toutefois, c'est la plage de **Venice** qui retient l'intérêt. La plage et sa promenade longue sont animées par toutes sortes d'excentriques soucieux d'attirer l'attention. En

1892, le milliardaire Abbot Kinney eut l'idée de construire ici une réplique de Venise en Italie, mais les travaux à peine commencés, on découvrit du pétrole et le projet fut abandonné. L'endroit a retrouvé récemment son dynamisme grâce à une communauté très diverse d'artistes et d'écrivains. Les artistes de Venice ont été parmi les premiers à lancer les peintures de rue qui se sont ensuite répandues dans tout LA – des trompe-l'œil recouvrant des façades entières, parfois même sur trois ou quatre étages.

Au sud de Marina del Rey, le plus grand port de plaisance du monde, les plages se succèdent en une courbe dorée continue – Dockweiler, Manhattan, Hermosa, Redondo – jusqu'aux falaises rocheuses de Palos Verdes. Sur la pointe se trouve San Pedro, le port de Los Angeles et la ville de **Long Beach**, qui s'étend sur 11km. C'est en fait le port d'attache du plus grand navire de plaisance jamais construit, le *Queen Mary*, qui y a trouvé son dernier refuge, un souvenir nostalgique de la grande époque des croisières de luxe. Depuis qu'il a été amarré à cet endroit en 1969, les cabines ont été transformées en hôtel, les salles de réceptions en restaurant. Le reste du bateau est ouvert au public pour des visites non-guidées (admission gratuite). Construit en Ecosse sur la rivière Clyde en 1934, pour la compagnie Cunard, le Queen Mary, long de 310m, pèse 81 237 tonnes. Il avait à son bord un équipage de 1 174 personnes et pouvait accueillir 1959 passagers. Des feux d'artifices sont tirés depuis son pont à l'occasion des dîners estivaux des vendredis et samedis soirs.

Les vallées

La majeure partie de la population de Los Angeles vit dans les faubourgs étendus des Valleys – la San Fernando Valley, au nord des Hollywood Hills et la San Gabriel Valley s'éten-

Toutes formes de cactus poussent bien dans le merveilleux Botanical Gardens.

dant vers l'est en direction de San Bernardino. Il n'y a rien de très intéressant ici, à part deux importants musées dans la basse vallée San Gabriel.

Pasadena est l'un des plus anciens et des plus riches faubourgs des Valleys; il abrite le fameux California Institute of Technology (Caltech) et le moderne **Norton Simon Museum** (Orange Grove et Colorado, situé près de Ventura Freeway). Ce musée renferme une collection remarquable de peintures, de dessins et de sculptures européens du début de la Renaissance au XXe siècle, ainsi que des bronzes indiens et des statues asiatiques. Parmi les plus marquantes, citons des œuvres de Raphaël, Botticelli, Rubens, Rembrandt et Cézanne. Vous verrez également une vaste collection de dessins de Picasso et, l'un des fleurons du musée, les bronzes de Degas. Dans le jardin, vous pourrez admirer des sculptures de Maillol, Picasso, Rodin, Giacometti et Henry Moore.

Le faubourg de San Marino, tout proche, fut jadis la propriété du magnat des chemins de fer Henry E. Huntington (1850–1927), dont la ravissante demeure abrite la **Huntington Library**. Sa collection de livres et de manuscrits rarissimes renferme quelques-unes des seules éditions originales de Shakespeare, une Bible de Gutenberg et le manuscrit autobiographique de Benjamin Franklin. Mais la plus belle attraction est le **Botanical Gardens**. Vous pourrez y flâner sur de luxuriantes pelouses et musarder parmi les fleurs dans les différents jardins à thèmes, entre autres dans le Shakespeare Garden où Huntington a planté presque tous les arbustes et toutes les fleurs cités dans les pièces du grand auteur.

A 20 minutes de route à l'est du centre-ville vient de s'ouvrir le **Cerritos Center for the Performing Arts**. Ce théâtre peut être transformé en opéra de luxe, en cabaret ou en café-théâtre du jour au lendemain. Cette merveille de technologie fait partie d'un riche complexe regroupant bureaux et magasins dans la nouvelle ville de **Cerritos**.

Oubliez vos ennuis dans le monde imaginaire du royaume magique de Disneyland.

Orange County

Le comté d'Orange, au sud de Los Angeles, berceau de Richard Nixon, est un modèle de la Californie du sud conservatrice. C'est une terre des arroseurs de gazon et des garages pour deux véhicules et célèbre pour ses légendaires petites vieilles en chaussures de tennis aux cheveux teints en bleu.

Tout le long de la côte, vous pourrez toutefois redécouvrir la *beach culture* qui donna naissance aux Beach Boys et, à Anaheim, vous pourrez vous plonger dans les délices de la plus célèbre attraction californienne.

Un *mall* est un grand centre commercial, composé d'un grand nombre de boutiques de petite taille, normalement sans supermarché.

C'est en effet à Anaheim, à 43km (27 miles) au sud-est du centre de LA, sur Santa Ana freeway, que se trouve **Disneyland**. Consacrez à cette visite une journée entière: le billet d'entrée est cher et il y a beaucoup à voir. Vous pourrez acheter un *Passport* pour un, deux ou trois jours valable sur l'ensemble du domaine et pour toutes les attractions (nourriture et boissons non comprises).

Main Street vous plongera dans l'ambiance d'une petite ville américaine du début du siècle. Les échoppes et les maisons ne mesurent que les trois quarts de leur grandeur réelle (Disney voulait que tout soit plus petit que nature). *Adventureland* vous emmènera en croisière, dans un décor de jungle, sur une rivière qui traverse successivement l'Asie, l'Afrique et le Pacifique Sud. Un chemin de fer miniature vous fera traverser *Frontierland*, pays des pionniers de l'Ouest, dans lequel on vous conseillera de faire «attention aux Indiens et aux animaux sauvages». Mais l'attraction la plus fantastique reste *Tomorrowland* (le pays de demain), sans cesse modernisé. Vous voyagerez à bord d'un sous-marin, un vaisseau spatial vous transportera vers Mars et vous essayerez les moyens de transport les plus modernes. Les deux attractions les plus récentes sont Mickey's Toon Town, un monde de bandes dessinées et à trois dimensions et *Fantasmic*!, un spectacle son et lumière au cours duquel héros et méchants s'affrontent dans l'imagination de Mickey.

Au nord-ouest de Disneyland se trouve le **Movieland Wax Museum** (7711 Beach Boulevard, Buena Park), musée de cire où les stars du cinéma sont représentées dans leur plus célèbres rôles. Les passionnés de cinéma se régaleront avec une collection de vieux kinéscopes, autoscopes et movieola qui ont projeté les premières images animées.

Au sud du Wax Museum, **Knott's Berry Farm** satisfait une autre forme de fantaisie en faisant revivre le Far West dans trois parcs différents. Les attractions *Bigfoot Rapids*, *Wild West Ghost Town*, *Good Time Theater* et diverses montagnes russes offriront des heures de loisir aux fanas de cow-boys. Et si vous avez un petit creux, vous pourrez vous délecter d'une tarte aux *boysenberries* ou d'un poulet comme Mme Knott le servit pour la première fois il y a 50 ans.

Les animaux sont abondants sur terre et sur mer dans la région de San Diego.

SAN DIEGO

C'est ici que commença l'histoire de la Californie, lorsqu'en 1542, Juan Rodríguez Cabrillo débarqua à Point Loma (voir p.12). San Diego est aujourd'hui la deuxième ville de Californie. Elle possède une très importante base navale et a été élue parmi les grandes villes américaines les plus agréables. Son climat est parfait, ses plages splendides, le centre-ville est redevenu très animé et les efforts entrepris par la municipalité ont su éviter les problèmes de pollution et d'encombrement qui empoisonnent Los Angeles.

Le Natural History Museum – un des nombreux sites de Balboa Park.

On a conservé dans le centre-ville, qui est moderne, le **Gaslamp Quarter**, 16 pâtés de maisons victoriennes. Vous pourrez y flâner sur les trottoirs de brique rouge, admirer l'architecture restaurée du début du XXe siècle et musarder parmi les boutiques, les galeries marchandes, les cafés et les bars.

Quant au **Horton Plaza**, sur Broadway, c'est un centre commercial des plus modernes, doté de nombreuses boutiques, restaurants, terrasses et de curieuses décorations sur cinq grands étages. Broadway aboutit au port, où vous pourrez visiter l'un de ces vaisseaux du XIXe siècle ancrés à L'Embarcadero et qui font partie du très intéressant **Maritime Museum**.

La fierté de la ville est un navire à coque de fer gréé au carré, le *Star of India*, construit en 1863 dans l'île de Man. Le *Star* est le plus ancien voilier encore en état de navigabilité et il fait une croisière commémorative deux fois par an l'été. Une courte promenade vous conduira à **Seaport Village**, un complexe très vivant de boutiques, restaurants et galeries donnant sur le port.

La meilleure façon d'apprécier la beauté de San Diego, c'est de faire une **croisière** autour de sa baie (départ des bateaux à Harbour Drive, au sud du Maritime Museum). Vous longerez le port artificiel et les Shelter Islands et contournerez l'extrémité de la péninsule Coronado (occupée par une base aéronavale – *Top Gun* y fut tourné) jusqu'à Point Loma sur le Pacifique. Vous serez fasciné par la procession de bateaux de pêche, de voiliers et de navires de l'US Navy.

Au cœur de la ville se situe le magnifique **Balboa Park**, qui offre des promenades en sous-bois, des pistes cyclables et des équipements sportifs. Plusieurs musées sont groupés autour du Prado (promenade): les San Diego Museum of Art, Museum of Man (musée de l'homme), Natural History Museum, Automotive Museum (musée de l'auto), Aerospace Historical Center et Reuben H. Fleet Space Theater and Science Center (planétarium et centre scientifique).

Le joyau de ce parc est le **San Diego Zoo** (tél. 619-234-3153), l'un des plus beaux zoos du monde. Créé en 1922, il fut le premier à offrir aux animaux un espace naturel aussi vaste et aussi libre que possible, avec des fossés, des rochers et des berges plutôt que des barreaux et des cages. Il est renommé pour ses tigres de Sumatra, ses ours de Malaisie et une colonie de koalas, élevage unique au monde en dehors de l'Australie. Vous pouvez faire un «safari aérien» en survolant le zoo à bord du *skyfari* (tramway aérien) ou choisir une visite guidée en autobus. Prolongement du zoo, le **San Diego Wild Animal Park** s'étend à 48km (30 miles) au nord et permet à 2500 animaux (zèbres, éléphants, lions et guépards) de courir en liberté.

A 4,8km (3 miles) au nord du centre-ville, on a gardé dans **Old Town** (délimitée par Juan, Twiggs, Congress et Wallace Streets) la partie la plus ancienne de San Diego. C'est là que commença en 1769 la colonisation de la Californie par l'Europe, lorsque le père Serra fonda la Mission San Diego de Alcala. Il reste quelques pâtés de maisons en adobe restaurées, de la période mexicaine et, sur Plaza Vieja, jadis centre de la ville et servant d'arène pour les corridas avant l'arrivée des Yankees, vous pourrez vous reposer sous les palmiers et eucalyptus, flâner parmi les étalages proposant de l'artisanat mexicain ou manger dans l'un des nombreux restaurants.

Le **Cabrillo National Monument**, sur le promontoire de Point Loma (suivez les écritaux dans Rosecrans Street), commémore celui qui découvrit la baie de San Diego. Vous pourrez vous promener le long des chemins qui contournent la pointe, visiter le Old Point Loma Lighthouse (phare) et, à marée basse, ramasser dans les flaques des étoiles de mer et des crabes. De décembre à mars, vous pourrez voir, depuis le poste d'observation situé près du phare, des migrations de baleines grises.

Mission Bay, un excellent parc et centre nautique, vous procurera d'autres joies aquatiques. Vous y découvrirez le **Sea World**, un parc marin où vous verrez en action des épaulards de trois tonnes. Les enfants apprécieront les pitreries des dauphins, des otaries et des loutres de mer.

Les **plages** de San Diego, d'une beauté et d'une propreté remarquables, s'étendent sur 43km (27 miles) jusqu'à l'élégante station de **La Jolla** (prononcer «la khoya» qui signifie «bijou» en espagnol) dont le centre est occupé par La Jolla Cove, un petit bassin de rochers. La côte rocheuse, au sud, invite à la promenade et, non loin du bord de mer, on trouve d'élégants restaurants et boutiques.

Le **Stephen Birch Aquarium-Museum**, qui domine La Jolla, présente un parfait échantillon de la vie sous-marine de la Californie du Sud. De la terrasse, vous aurez une vue splendide sur l'Océan.

LES PARCS NATIONAUX

Si les Californiens vouent un culte à la vie au grand air, ils ont aussi leurs temples: ce sont les parcs nationaux de Yosemite, Sequoia/Kings Canyon et Death Valley (la Vallée de la Mort, classée monument national). Dans ces vastes étendues sauvages, que ce soient les montagnes de la Sierra Nevada, les forêts de séquoias profondes et silencieuses ou le vide impressionnant du désert, vous pourrez vous faire une idée de l'esprit des premiers héros de l'épopée américaine. Bien sûr, les parcs sont très fréquentés par les touristes et surtout Yosemite, mais ils sont si vastes qu'il vous sera facile d'éviter les foules.

Certaines règles sont à suivre dans les parcs. Les limitations de vitesse y sont très strictes: la vitesse maximum est généralement inférieure à celle autorisée sur les autres routes. Il est interdit de nourrir ou d'inquiéter les animaux. La chasse est prohibée et la pêche est autorisée après obtention du permis de l'Etat. Les randonneurs désireux de camper dans l'arrière-pays doivent au préalable obtenir un permis spécial (*wilderness permit*).

Certains lieux sont interdits aux campeurs et il n'est permis de faire du feu que dans des zones strictement délimitées. Ces règles ne sont pas vraiment contraignantes dans la mesure où il y a d'excellents campings, aires de pique-nique et possibilités de barbecue.

Yosemite

Dans la spectaculaire Yosemite Valley, au centre du parc, sont concentrées toutes les possibilités d'hébergement et autres installations (et la foule).

Ce merveilleux paysage est le parfait exemple d'un canyon creusé par les glaciers, avec de véritables murs de granit de plus de 900m de haut qui plongent de façon vertigineuse vers une plaine couverte de forêts et de prairies aux fleurs sauvages où coulent les eaux claires de Merced River. Votre «base» peut aussi bien être une somptueuse chambre d'hôtel qu'un modeste bungalow ou tente. A partir de la vallée et de ses prairies, choisissez la marche ou la bicyclette (location à Yosemite Lodge ou Curry Village) ou prenez la navette entre les principaux sites.

Pour les grands nombres la virgule marque les différentes unités, le point marque les chiffres décimaux.

Choisissez vos randonnées en fonction de vos capacités et de votre expérience (demandez conseil au Visitor Center) mais si vous n'en faites qu'une, faites celle des **Vernal Falls** (avec de solides chaussures). La piste, qui va de Happy Isles aux Vernal Falls, convient aux personnes en bonne santé;

Des falaises à pic et des chutes d'eau spectaculaires dominent les vues extraordinaires de Yosemite Valley dans Yosemite National Park.

c'est un sentier bien balisé à travers les pins et dont les pentes ne sont pas trop raides. La lumière étincelante et la pureté de l'air sont un délice et les chutes, qui atteignent leur plus grande puissance à la fonte des neiges, sont impressionnantes.

Si vous êtes d'attaque, poursuivez un peu plus loin sur Mist Trail et dépassez Emerald Pool pour atteindre **Nevada Falls**. Là, vous aurez déjà semé la foule. Vous serez à présent sur John Muir Trail (voir p.39), qui passe par Merced Lake et continue vers les jolies Tuolumme Meadows, dans le haut pays, jusqu'au Mount Whitney, 320km (200 miles) plus loin.

Une autre excursion, moins fatigante, en voiture ou en autobus vous mènera par Badger Pass (bonnes pistes de

Les bons et les mauvais feux

Au Sequoia National Park, vous constaterez que certains séquoias portent la marque du feu. Ces brûlures sont dues aux incendies accidentels ou naturels (foudre), aux feux que les rangers provoquent, ou encore à ceux qui se déclenchent spontanément et qu'on laisse se consumer. Peut-être serez-vous confronté à un incendie provoqué. Des panneaux vous donneront des consignes précises: «Do not panic, do not report, do not extinguish.» (Pas de panique, ne donnez pas l'alerte, n'éteignez pas le feu.)

En effet, le séquoia a besoin de feu pour survivre. Le feu tue les insectes et les champignons parasites et élimine les broussailles qui étouffent les pousses. Le séquoia possède une écorce épaisse qui protège du feu la partie vitale du tronc. Cette écorce peut atteindre une épaisseur de 61cm. Vous rencontrerez des arbres qui portent des traces d'incendies et qui, des centaines d'années après, croissent encore. Les feux provoqués par les rangers entretiennent donc la santé des arbres.

ski en hiver) jusqu'au **Glacier Point** (2 200m). La vue sur la vallée et les High Sierras au-delà est à vous couper le souffle, comme l'est l'autre sentier qui vous y mènera, une pente plutôt raide longue de 7km (4 miles), Glacier Point Trail.

Yosemite Creek jaillit de la paroi opposée en deux chutes de 800m de haut, Upper et Lower **Yosemite Falls** et vous jouirez d'une vue extraordinaire sur le majestueux Half Dome, un monolithe de granit scindé en deux par les glaciers depuis l'ère glaciaire; Half Dome a été un sujet favori pour le photographe Ansel Adams et plusieurs autres artistes. Peut-être voudrez-vous descendre dans la vallée à pied; vous prendrez alors Panorama Trail, un sentier de 13km (8 miles) qui passe par les chutes Nevada et Vernal.

Une autre belle (et facile) randonnée vous mènera à **Mirror Lake**, blotti tout au pied de la paroi nord-ouest du Half Dome. C'est au printemps ou en début d'été que c'est le plus beau, au petit matin, lorsque les eaux calmes reflètent les merveilleuses couleurs des arbres et des falaises de Watkins.

Sequoia et Kings Canyon

Ces deux parcs sont voisins et on les visite généralement ensemble (un seul ticket d'entrée pour les deux). Vous y verrez des séquoias géants, dont certains ont presque 3000 ans et les plus fabuleux rochers de Kings Canyon. Les forêts possèdent des essences très variées telles les cornouillers, les pins à sucre et les pins de Douglas; la flore comprend aussi des lys tigrés orangés et blancs, des lupins, des châtaigniers nains et des fougères impériales.

Partez du Visitor Center à Lodgepole ou Grant Grove, où vous pourrez vous procurer toutes les cartes et renseignements voulus sur les meilleures promenades et randonnées et

Les vents du désert ont creusé de profonds sillons dans les plaines isolés de Death Valley.

assister à la projection de leur excellent documentaire sur les séquoias.

Pour faire connaissance avec la forêt, **Congress Trail** est idéal. C'est une promenade facile, d'environ 3km (2 miles), qui mérite cependant que l'on s'y attarde deux bonnes heures si l'on veut s'imprégner des extraordinaires beautés naturelles. Le sentier part de **General Sherman Tree**, le plus haut de tous. Avec ses 84m de hauteur et ses 31m de circonférence à la base (et il pousse toujours), c'est le plus grand organisme vivant du monde. Il s'élève bien au-dessus du reste de la forêt et ses branches les plus basses sont à 40m du sol.

Une autre très belle randonnée facile mène à **Crescent Meadow** parmi des arbres vénérables: le Bear's Bathtub (la

Baignoire de l'ours), le Shattered Giant (le Géant fracassé) et la Chimney (la Cheminée).

Et si vous voulez explorer l'arrière-pays, il vous suffira, à partir de Crescent Meadow, de suivre le High Sierra Trail sur 18km (11 miles) jusqu'à **Bearpaw Meadow** où vous trouverez, après cette randonnée pas trop difficile, un camping assez rudimentaire. Vous pourrez pêcher dans le lac et les cours d'eau alentour, en particulier la truite. Et peut-être aurez-vous la chance d'apercevoir quelques animaux sauvages tels le lynx rufus, le coyote, l'aigle royal, l'ours noir, la moufette tachetée ou le couguar.

Les vents du désert de Death Valley ont habilement sculpté ce curieux rocher.

Death Valley (La Vallée de la Mort)

Le **grand désert** est peut-être la plus belle des surprises qui vous attendent en Californie. Il ne s'agit pas d'une monotone étendue de dunes de sable mais d'une infinie variété de terres vastes et colorées. En été, c'est un paysage étrange fait de roches dentelées et de gravier, de montagnes nues et de lacs salés, brûlés et miroitant dans la chaleur. Si vous y allez en hiver, vous pourrez voir maintes fleurs printanières s'épanouir après les pluies éparses que les monts Panamints, saupoudrés de neige, laissent pénétrer par l'ouest. A l'aurore et au crépuscule, les rochers dénudés se parent de teintes (ocre, vert, pourpre et rouge-brique) d'une profondeur inoubliable.

Ne vous laissez par rebuter par ce nom de **Death Valley**. Elle le doit aux rudes épreuves subies par les chercheurs d'or qui, partis du Nevada et de l'Arizona, durent la traverser. Certains ne parvinrent jamais à destination.

De nos jours, les voyageurs ont à leur disposition des motels et des terrains de camping à Furnace Creek et Stovepipe Wells. Le **Visitor Center** de Furnace Creek sera à même de vous procurer cartes et renseignements sur l'état des routes, les pistes de randonnée et la sécurité dans le désert. On ne se déplace ici qu'en voiture, mais n'oubliez pas que les distances sont longues et que les stations d'essence sont peu nombreuses et très éloignées les unes des autres. Vérifiez l'état de votre véhicule et faites le plein avant chaque excursion. Emportez aussi une provision d'eau pour remplir le radiateur.

Levez-vous à l'aube – vous ne le regretterez pas! – et roulez jusqu'à **Zabriskie Point**. Derrière vous, le soleil darde ses premiers rayons sur les Tucki Mountains et sur les crêtes du Panamint à l'ouest avant de plonger dans l'ancien lac salé de la vallée. Continuez jusqu'à **Dante's View** (1750m d'altitude) d'où vous apercevrez, vers l'ouest, les pics de Wildrose, Bennett et Telescope et, par temps clair, le mont Whitney (4418m) distant de 137km. Devant vous, au fond de la vallée, s'étend le lac d'eau salée, **Badwater** (à 86m au-dessous du niveau de la mer), le point le plus bas de l'hemisphère ouest.

La surface craquelée et couverte d'aspérités de ce lac salé lui a valu le surnom de Devil's Golf Course (terrain de golf du diable). Allez faire quelques pas sur cette immense et aveuglante croûte salée; l'atmosphère y est presque enivrante. Si vous examinez le sel de plus près, vous découvrirez que l'expansion des cristaux de sel a fait jaillir de bizarres aspérités en forme de cheminées, de tourbillons et autres formes biscornues. Retournez vers Furnace Creek et engagez-vous dans **Artist's Drive**. La route (en sens unique sud-nord) passe dans un canyon multicolore qui aboutit à la bien nommée Artist's Palette. L'oxydation y a teinté les roches de couleurs mauve, vermillon, ocre, vert, turquoise et pourpre.

Death Valley attira les mineurs qui explorèrent collines et canyons à la recherche de cuivre, de plomb, d'or et d'argent. Les montagnes sont criblées de mines et de puits dont peu débouchèrent sur un filon. A l'est de la vallée, explorez les restes de **Keane Wonder Mine** et, à l'ouest, la ville fantôme de **Skidoo**, d'où 3 millions de dollars d'or furent extraits en deux ans.

A la limite nord de la vallée, à 84km (52 miles) de Furnace Creek, vous visiterez l'extraordinaire **Scotty's Castle**. Ce château de style espagnol des années 20, luxueusement meublé, se dresse de façon tout à fait inattendue dans le lit de Grapevine Canyon. Il fut construit par un milliardaire de Chicago, Albert Johnson, qui passa des hivers entiers à chercher de l'or en compagnie de son associé et ami Walter Scott, mieux connu sous le nom de «Death Valley Scotty». Une visite guidée vous permettra de voir l'intérieur somptueux et vous pourrez errer à loisir dans le domaine. Non loin de là se trouve **Ubehebe Crater**, résultat spectaculaire d'une explosion volcanique. Un sentier conduit au fond du cratère.

EXCURSION A LAS VEGAS

En partant de LA, empruntez l'Interstate Highway 15. Vous traverserez l'étendue désolée du **désert Mojave**, un immense paysage qui s'étale sur 322km (200 miles) jusqu'à la frontière du Nevada. L'autoroute traverse la frontière entre les deux États pour aboutir à Las Vegas, cette ville scintillante consacrée à la recherche du gros grain et qui étend ses

artères de néon comme des tentacules. La ville a grandi autour d'une oasis naturelle qui servait d'étape et a bourgeonné après que le jeu fût légalisé dans l'Etat en 1931. Aujourd'hui, les joueurs affluent de toute l'Amérique vers Las Vegas. La plupart ne viennent que pour s'amuser un peu mais d'autres arrivent, les yeux éblouis et pleins d'avidité, avec l'espoir fou de décrocher le jackpot.Cependant, les vrais gagnants sont les casinos: il est impossible de faire sauter la banque.

Le noyau de Las Vegas, c'est **The Strip**, une portion de Las Vegas Boulevard de 6,5km (4 miles), bordée de complexes hôteliers et de casinos portant des noms évoquant leur décor: **Circus Circus**, où le personnel est déguisé en clown et où un trapéziste se balance au-dessus des tables; **Tropicana**, avec son décor de cocotiers et d'îles paradisiaques et ses serveuses à la peau mate; **MGM Grand**, où circulent les personnages du *Magicien d'Oz*. Tous sont illuminés par des projecteurs et des néons.

Choisissez d'arriver à Las Vegas au coucher du soleil. Les casinos ne diffèrent que par leurs décors: l'entrée est libre et ils sont tous ouverts 24h/24, 365 jours par an. Ceux qui se sentent perdus peuvent consulter des brochures qui expliquent comment perdre leur argent ou recevoir des leçons de blackjack gratuites. Les casinos n'ont ni horloges ni fenêtres: on veut que vous perdiez la notion du temps.

Remarquez aussi les nombreuses *wedding chapels* où l'on peut se marier en dix minutes pour la modique somme de $50 et passer sa lune de miel dans le motel adjacent. Si votre union ne tient pas, vous pourrez divorcer tout aussi facilement, mais pour un prix un peu plus élevé.

«Howdy Partner» – un cowboy en néon accueille les touristes et leur argent – sur le Strip.

QUE FAIRE

LES SPORTS

En Californie vous pourrez pratiquer n'importe quel sport, du jogging au deltaplane, du cyclisme à la plongée. En hiver, vous pourrez faire dans la même journée, du surf le matin et du ski l'après-midi. Le *Golden State* (l'Ouest Doré) est le paradis des activités en plein air. Voyons d'abord les sports favoris des Californiens.

Les sports nautiques

Si vous ne devez pratiquer qu'un sport durant votre séjour en Californie, passez au moins une journée sur la plage. Ce n'est pas un hasard si la plupart des champions de natation américains viennent de Californie du sud: on dirait qu'une

maison sur deux, dans les quartiers aisés, possède sa propre piscine. Lorsque votre avion approchera l'aéroport de LA, vous verrez une multitude de taches bleu turquoise.

Tout le long de la côte, on pratique le surf, la plongée sous-marine, libre ou autonome, la planche à voile, le ski nautique, la voile et la pêche. Chaque plage et chaque baie est plus ou moins spécialisée et certaines sont mieux équipées pour tel ou tel sport.

Dans la région de San Diego, les meilleures **plages** sont celles de Silver Strand, Mission et La Jolla. A Los Angeles, ce sont celles de Redondo, Hermosa, Manhattan, Venice, Santa Monica, Malibu et Zuma. Plus au nord, dans la station balnéaire de Carmel, si la plage est propice au bronzage, il est dangereux de s'y baigner car les courants sous-marins sont puissants.

Le surf: Les surfeurs évoluent gracieusement sur les

La planche et la plongée scuba sont deux des attractions à rechercher sur les côtes de Californie.

vagues californiennes depuis 1907 et ce sport est depuis devenu incroyablement populaire. Selon les experts américains, la Californie prend la seconde place derrière Hawaï en ce qui concerne le surf, même si les surfeurs australiens se plaisent à contester la chose.

On trouve les meilleures vagues à Point Duma et à Surfrider à Malibu, sur la State Beach de Santa Monica, au nord de la jetée et sur les plages de Windansea et de Boomer à La Jolla.

La plongée avec masque et tuba: Excellentes zones de plongée à Abalone Cove, sur la péninsule de Palos Verdes au sud de Los Angeles, Corona del Mar près de Newport Beach et à La Jolla Cove, San Diego. Sur toutes ces plages du sud, on peut aussi faire de la planche à voile et du ski nautique, ce dernier se pratiquant aussi plus au nord, à Sausalito et à Tiburon.

La plongée sous-marine autonome: Les fonds tapissés de varech de la côte californienne sont particulièrement propices à la plongée autonome. Monterey, Santa Barbara et La Jolla offrent équipements de location et stages d'initiation.

La voile: San Diego arrive nettement en tête. On peut voir, dans les ports de plaisance de Mission Bay et autour de Shelter Islands et de Harbor Islands dans la baie de San Diego, tous les bateaux possibles et imaginables, de la plus petite embarcation à rames jusqu'au yacht de haute mer. Les eaux calmes de Mission Bay sont idéales pour acquérir les premiers rudiments de navigation. Si vous êtes un marin expérimenté, l'aventure sur l'immensité du Pacifique vous attend. Des stages d'initiation à la voile et des locations d'embarcations, à rames et à moteur, sont proposés à Mission Bay, San Diego; à Marina del Rey, Los Angeles; et à Sausalito, San Francisco.

La pêche: On peut pratiquer la pêche à la ligne sur les rochers et les jetées le long de la côte; la pêche en pleine mer se pratique à partir des ports mentionnés au paragraphe précédent.

Les golfeurs n'auront pas de problème pour rester sur les terrains de golf du Lake Tahoe et d'autres terrains spectaculaires de l'état.

Autres sports

Le tennis: Les courts de tennis publics sont nombreux et bon marché (quelques dollars l'heure), même à Beverly Hills (à Roxbury Park, 401 S. Roxbury Drive). Vous trouverez les meilleurs courts municipaux, éclairés la nuit, au Golden Gate Park de San Francisco, au Balboa Park de San Diego et au Griffith Park de Los Angeles, mais il y en a sûrement à quelques pas de votre hôtel si ce dernier n'en dispose pas.

Le golf: Le golf est beaucoup moins cher qu'en Europe et il y a des terrains tout autour des grandes villes, comme le Griffith Park de Los Angeles, avec deux parcours de 18 trous ou le Golden Gate de San Francisco (un parcours à 9 trous). Mais la capitale californienne du golf est sans conteste la péninsule de Monterey qui ne compte pas moins de 18 parcours complets dont la moitié sont publics. Les autres, parmi lesquels des terrains où se déroulent des tournois mondialement connus, sont accessibles sur simple arrangement avec

Une grande variété de terrain et des vues splendides font partie du plaisir du cyclisme.

quelques hôtels de la région. Les meilleurs parcours publics sont ceux de Del Monte à Monterey, de Pebble Beach, de Spyglass Hill sur la péninsule et de Rancho Canada à Carmel. Il y a aussi d'excellents parcours à Palm Springs.

Le jogging: Dans ce pays où l'on est tellement attaché à sa forme, on peut courir pratiquement partout mais surtout pieds nus sur les plages. Les magasins de sports tenteront de vous vendre l'indispensable survêtement de haute couture, bandeau, chronomètre suisse, ou pédomètre, mais vous n'aurez besoin que d'une bonne paire de chaussures et d'une serviette éponge.

Le cyclisme: San Diego, Santa Barbara et Monterey disposent d'excellents équipements pour le cyclisme. Il y a même à LA une piste cyclable qui longe la côte de Santa Monica à Redondo Beach. Au Griffith Park de Los Angeles et au Golden Gate de San Francisco il y a de bonnes pistes cyclables. Vous pourrez savourer les délices du VTT en vous aventurant sur les pistes abruptes du Mount Tamalpais à Marin County. On peut louer des bicyclettes à Mission Bay, San Diego, à Venice Beach, LA et au Golden Gate Park, San Francisco.

Le patin à roulettes: Peut-être voudrez-vous imiter les autochtones et essayer le patin à rroues alignées. C'est à Venice Beach qu'il vous faudra aller. Vous pourrez louer des patins à roulettes au bord de la piste et vous mesurer aux as du coin, hauts comme trois pommes!

Sports dans l'arrière-pays

La pêche: La pêche à la truite est une des nombreuses activités de plein air dans les parcs nationaux de la Sierra Nevada. Procurez-vous un permis de pêche de l'Etat californien et partez en expédition camper au bord de la Yosemite's Tuolumne River, ou essayez la randonnée de trois jours de Yosemite Valley à Merced Lake. Bons circuits de pêche également à Sequoia depuis Bearpaw Meadow.

Les randonnées: De la promenade d'une heure, dans une vallée, le long d'un sentier balisé, aux randonnées de plusieurs jours sur la longue piste John Muir de Yosemite au Mount Whitney, vous trouverez des pistes adaptées à tous âges et à tous niveaux.

L'équitation: Yosemite et Sequoia offrent des centres équestres avec location de chevaux près des lieux d'hébergement majeurs.

Le ski: En hiver, il y de très bonnes pistes de ski de fond à Yosemite Valley et dans les paysages sauvages des environs, ainsi que des pistes de descente à Badger Pass près de Yosemite et à Squaw Valley près du Tahoe Lake. A quelques heures de route de LA, se trouvent d'autres stations de ski très fréquentées: Mammoth Lakes dans la Eastern Sierra et Big Bear Lake. Le *Winter Sports Guide* les recense toutes.

L'alpinisme: Yosemite Valley est un lieu d'escalade très réputé. Les alpinistes affluent de partout pour relever le défi de ses véritables murs de granit hauts de 914m. Si cela vous tente, l'école d'alpinisme de Yosemite propose des cours d'initiation.

Manifestations sportives

Parmi les grandes manifestations du calendrier sportif figurent le prix *Bob Hope Desert Golf Classic* à Palm Spring en février; le grand prix de Long Beach à Los Angeles en mars; également en mars, le marathon de LA et en juillet celui de San Francisco.

Le football américain: Les Européens qui visitent la Californie entre août et décembre doivent en profiter pour goûter à l'ambiance d'un match de football américain. Les équipes de San Diego (les *Chargers*) ou bien d'Oakland (les *Raiders*) ont de nombreux supporters, mais la meilleure équipe est celle des *Forty-niners* de San Francisco qui, durant les années 80, a remporté trois fois en dix ans le championnat de l'U.S. Superbowl.

Les matchs universitaires sont animés par des supporters et des meneurs de ban pleins d'ardeur; l'équipe universitaire la plus célèbre est celle des Trojans, de l'université de Californie du sud de LA.

Le base-ball: Les équipes de base-ball les plus importantes sont celles de San Francisco (les *Giants*), d'Oakland (les *As*) et de LA (les *Dodgers*) mais seuls les fanatiques auront la patience de rester assis le temps de neuf tours de batte. Celui qui ignore les règles ne tiendra pas plus d'une heure! Les matchs ont lieu d'avril à octobre.

Le basket-ball: En Californie, comme partout aux Etats-Unis, le basket-ball est très populaire. Les matchs ont lieu d'octobre à avril. L'équipe la plus célèbre est certainement celle des *Lakers* de LA dont le supporter n° 1, l'acteur Jack Nicholson, assiste très souvent aux matchs.

Les courses de chevaux: Les courses les plus importantes de Californie ont lieu à LA: *San Juan Capistrano Handicap*, mi-avril à Santa Anita et la *Breeders Cup Classic*, début novembre à Hollywood Park.

LES LOISIRS

La vie nocturne

Si vous souhaitez faire une agréable sortie nocturne, choisissez d'aller à San Francisco plutôt qu'à LA. La cité de la baie est l'une des capitales mondiales des divertissements nocturnes, jusqu'aux premières lueurs de l'aube. Tout ce qui attrait à la boisson tient une place privilégiée dans la ville, foisonnant de bars bruyants, de cafés confortables, de bistrots élégants, de boîtes de nuit animées et de boîtes de jazz frénétiques. Columbus Avenue, Polk Street, Broadway et SoMa sont de bonnes adresses.

La réputation de San Francisco en tant que capitale *gay* des Etats-Unis n'est plus à faire. En juin, la **Lesbian and Gay Freedom Day Parade**, sur Market Street, fait la une des journaux et de la télévision. Tout au long de l'année, la communauté gay rehausse l'animation de la ville et cela plus particulièrement aux environs de **Castro Street** (17th et 19th Streets). Pour plus de détails, consultez les deux hebdomadaires gratuits suivants: le *San Francisco Sentinel* et le *Bay Area Reporter*.

Les boîtes de Los Angeles sont à la mode et chères mais, vu l'étendue de la ville, il faut absolument disposer d'une voiture pour en faire quelques-unes (les tarifs des taxis sont trop élevés pour parcourir ces longues distances). C'est autour de Hollywood, sur Sunset Boulevard, près du campus de l'UCLA dans Westwood Village et à l'extérieur, sur la côte, que vous trouverez les meilleurs boîtes de nuit et les bars. Santa Monica est le seul endroit à Los Angeles à explorer à pied et il y a des bars très agréables le long de Main Steet et à l'extrémité de Wilshire et Santa Monica Boulevards, à côté de l'océan et de la plage.

La musique

La musique classique: L'orchestre philharmonique de LA donne d'excellents concerts au Dorothy Chandler Pavilion du Music Center, mais joue aussi en plein air (en été), au Hollywood Bowl, des «symphonies sous les étoiles». Il y a aussi des récitals et des concerts au Royce Hall, au campus de l'UCLA. L'orchestre symphonique de San Francisco se produit, des mois de décembre à mai, au Davies Hall et donne, au Civic Auditorium, durant l'été, des concerts de musique légère.

Le jazz: Si vous cherchez des distractions plus exaltantes, allez écouter un peu de cette musique intrinsèquement américaine: le jazz. A San Francisco, beaucoup de bars, restaurants et de clubs proposent du jazz *live*, le soir et parfois le dimanche à l'heure du déjeuner – le *jazz brunch* est devenu une sorte d'institution dominicale. Essayez le Kimball's Jazz Club au 300 Grove Street, ou plus intime, le Jack's Bar, 1601 Fillmore, ou consultez le *Bay Area Music*, brochure gratuite.

L'opéra et les ballets

L'opéra de San Francisco est l'un des meilleurs du pays et attire les plus grandes voix internationales au cours de sa saison trimestrielle qui débute à la mi-septembre. Le Curran Theater organise en mars un *Spring Opera* qui accueille de jeunes chanteurs américains. Les Ballets de San Francisco se produisent à l'Opéra, au printemps et parfois également en décembre.

Le théâtre

A Los Angeles, le théâtre est trop concurrencé par le cinéma pour être de tout premier ordre mais, de temps à autre, de bonnes compagnies se produisent au Ahmanson Theatre et au Shubert Theatre à Century City. San Francisco possède une bonne troupe, l'American Conservatory Theater, qui propose diverses pièces d'octobre à mai au Geary Theater et une production importante tient l'affiche tout l'été.

Au Mann's Chinese Theater les «étoiles» font leur marque sur les trottoirs et à l'écran.

Le cinéma

LA, qui regroupe toute l'industrie cinématographique, a trois grandes manifestations annuelles: un festival international du cinéma en avril, patronné par l'*American Film Institute*, un festival du cinéma européen en juin et un festival du cinéma comique en septembre.

Hollywood atteint l'apogée de la médiatisation en avril, lors de la cérémonie de remise des Oscars au Shrine Auditorium d'Exposition Park. Seuls sont admis (sur invitation) les membres de l'Académie du cinéma, les «nominés» et leurs amis. Si vous n'en faites pas partie, vous pourrez toujours aller guetter l'arrivée des stars en vous battant avec la foule pour un bon point de vue.

Pour les mordus de cinéma, les meilleures salles de LA se situent autour de Westwood, mais les sanctuaires de Hollywood existent toujours. Les dernières nouveautés sortent en été pour n'atteindre l'Europe qu'en automne ou à Noël.

Le festival du cinéma de San Francisco a lieu de la mi-avril au début mai, dans les salles du Kabuki à Japantown ainsi qu'au Pacific Film Archives de Berkeley. Tous deux attirent les principales productions internationales.

VOS ACHATS

La Californie a toujours lancé la mode en matière de vêtements de sport, gadgets, planches de surf, patins à roulettes, planches à roulettes, *boogie-boards* (pour surfer allongé sur l'océan), chaussures de basket et VTT Vous verrez cela partout ailleurs, mais c'est en Californie que vous trouverez les toutes dernières nouveautés.

***I'm just looking* s'utilise dans un magasin lorsque l'on regarde les différents articles sans avoir nécessairement l'intention d'en acheter.**

Région de San Francisco

Union Square, secteur commerçant principal du centre-ville, regroupe tous les grands magasins californiens et new-yorkais. Certains magasins, tel que Brooks Brothers, présentent une mode plutôt classique. Les centres commerciaux de **Ghirardelli Square** et de **Cannery**, à **Fisherman's Wharf**, s'adressent plutôt à la jeunesse. Ils sont situés dans un cadre agréable et possèdent des cafés en plein air, des librairies et des restaurants.

Le centre commercial **Embarcadero**, dit aussi Rockefeller West, est un gigantesque complexe de trois étages, abritant magasins, restaurants, jardins de sculptures, ponts et promenades. Laissez-vous tenter par un chapeau de cowboy: San Francisco prétend confectionner les plus beaux.

North Beach est réputé pour ses librairies; la City Lights Bookstore (voir p. 35) est une institution locale, lieu de pèlerinage pour ceux qui ont la nostalgie de la génération beatnik. **Union Street**, à l'ouest de Van Ness, et Polk Street au sud de Union, permettent un shopping plus élégant, avec leurs magasins d'art et d'antiquités et boutiques de couture et d'objets *design*.

Région de Los Angeles

Toutes les villes californiennes possèdent leurs quartiers élégants, mais le plus prestigieux est celui de **Rodeo Drive** à Beverly Hills. LA possède cependant d'autres quartiers extra selects: **Wilshire Boulevard** (nommé après un socialiste excentrique, Gaylord Wilshire), **Century City**, près de Westwood Village; **Montana Avenue** à Santa Monica et **Melrose Avenue** à West Hollywood. Parmi les grands magasins, citons I. Magnin's (Wilshire), jadis Bullock's.

Des souvenirs mexicains peuvent être trouvés à l'Olvera Street Market.

Hollywood est l'endroit où dénicher des objets liés au cinéma: posters originaux,

Le mot *size* est utilisé pour les tailles et les pointures. Attention aux fréquentes irrégularités entre les différents fabricants.

effigies de pin-ups, scénarios et biographies. Le long de Hollywood Boulevard vous trouverez des librairies du septième art.

Des marchés aux puces sont organisés sur les quais à **Venice** et, le samedi, au **Rose Bowl** de Pasadena. Mais guettez également les annonces, dans les quartiers résidentiels, pour des ***garage sales*** (ventes qui ont lieu dans des garages): les familles se débarrassent d'objets dont elles n'ont plus besoin.

Un artiste de Venice évite les galeries de LA en montrant son travail aux piétons en ajoutant de la couleur locale.

LES PLAISIRS DE LA TABLE

En Californie, les meilleurs plats sont les plus simples. Grâce aux terres fertiles et bien irriguées de Central Valley, à la clémence du climat et aux opulentes pêcheries du Pacifique, les fruits et légumes, la viande et le poisson qu'on trouve ici sont plus frais, plus goûteux et souvent plus gros que n'importe où aux Etats-Unis.

Où aller manger?

Il existe une multitude de restaurants où vous pourrez déguster des produits délicieux. La Californie en offre tout un éventail, de l'établissement le plus cher, de renommée mondiale, jusqu'au plus humble marchand de hot-dogs avec, entre les deux, tous les genres possibles. Il y a bien sûr la cuisine californienne et ses produits locaux, mais aussi de nombreuses spécialités étrangères introduites par les immigrants d'Europe et d'Asie qui sont arrivés en masse au cours des décennies.

A quelle heure y aller?

De nombreux restaurants sont ouverts à toute heure du jour et de la nuit. Généralement, le petit déjeuner est servi entre 7h et 10h, mais les visiteurs français seront surpris de découvrir que certains restaurants continuent à servir tout au long de la journée des crêpes, des gaufres et des œufs. Le déjeuner est servi entre 11h et 14h30; durant la semaine les restaurants du centre sont bondés

Dans le restaurant les *specials* sont les plats du jour. Ce ne sont pas nécessairement les plats les moins chers.

d'employés de bureau. Le dîner est servi entre 17h30 et 22h30 environ.

Les habitudes culinaires

Elles demandent quelques explications. Dès que vous aurez pris place pour votre petit déjeuner, une serveuse viendra probablement vous servir du café. Si vous n'en voulez pas, dites-le tout de suite. Le café, comparé à celui que l'on boit en Europe, vous semblera léger mais pour le même prix, on vous en servira plusieurs tasses. Si vous commandez des œufs au plat, n'oubliez pas de préciser "sunny side up" (frits d'un côté seulement avec le jaune moelleux) ou "over easy" (frits aussi sur le dessus). Vous aurez le choix pour vos toasts: pain blanc, complet ou seigle.

Au déjeuner et au dîner, la salade vous sera servie avant le plat de résistance. Les sauces à salades sont souvent de singulières mixtures qui surprendront sans doute nombre de palais européens. Si vous souhaitez une sauce simple, vous pouvez demander de l'huile, du vinaigre et un peu de mou-

Les salades californiennes sont saines, délicieuses, et généreuses.

tarde et faire votre propre vinaigrette. On vous proposera peut-être un cocktail avant, pendant et après le repas (ils ne sont pas forcément servis comme apéritifs) à moins que vous ne commandiez tout de suite du vin.

Même dans des restaurants bon marché, le service est toujours chaleureux et compétent, pour la bonne raison que les pourboires représentent la majeure partie de ce que gagnent les serveurs. N'oubliez donc pas de leur laisser 15 à 20% de la note à la fin du repas. Il est très impoli de ne rien laisser.

Les spécialités californiennes

Les salades: Elles sont en odeur de sainteté, dans ce pays épris de vie saine. L'une des meilleures est la salade d'épinards crus agrémentée de crème et de «copeaux» de bacon grillé. Les avocats sont aussi appréciés, soit en vinaigrette, soit farcis. Quant à la salade «César», chaque chef a sa propre recette, bien qu'elle se compose, en gros, de feuilles de romaine, d'œufs durs, d'ail, d'huile d'olive, de Parmesan et de jus de citron.

Les produits de la mer: San Francisco, Monterey et la région de San Diego sont réputés pour leurs poissons et leurs fruits de mer. Vous trouverez du bar, de l'espadon, du thon et de l'albacore. Des produits aussi frais n'exigent qu'une préparation simple.

Si Boston est réputé pour ses soupes aux palourdes, San Francisco vous invite à goûter ses délicieux ormeaux et ses huîtres. Certains restaurants de San Francisco servent une spécialité, le *Hangtown Fry*, omelette au jambon et aux huîtres.

Sur cette côte, le crabe est une merveille. Le *Crab Louis* est une salade d'œufs durs, de laitue et de tomates, le tout nappé de mayonnaise, de sauce au piment et de raifort (les connaisseurs exigent des câpres). Les *jumbo shrimps* sont des crevettes (bouquets) grillées au barbecue, non décortiquées, assaisonnées d'ail.

La viande: La palme revient vraiment au bœuf. Il existe un très grand choix de morceaux: châteaubriant, faux-filet, filet mignon et entrecôte minute. La côte de bœuf, pure merveille, est servie avec une pomme de terre de l'Idaho. Les côtes premières, de bœuf et de porc, grillées au barbecue, font des adeptes. Les hamburgers sont généralement de bonne taille et servis avec des oignons, des condiments et du pain au levain. Commandez-les saignants, à point ou bien cuits.

Les desserts: Dans ce pays où les fruits frais abondent, les desserts sont un délice: fraises, pêches, pamplemousses et raisins sont un peu plus gros et plus sucrés que chez vous. Mais, si vous préférez les fruits dénaturés, essayez les fraises nappées d'une épaisse couche de chocolat servies dans certains établissements de Beverly Hills. Ne repartez pas sans avoir goûté aux glaces dont les délicieux parfums sont innombrables. Vous pourrez en faire un repas complet dans l'un de ces *ice-cream parlours* (glaciers) de Westwood. Si vous tenez à votre ligne, choisissez un yaourt glacé. Et surtout ne ratez pas le grand dessert national: l'*apple pie* (chausson aux pommes) servi à la mode: chaud et surmonté de glace.

Les spécialités étrangères

La cuisine italienne: La cuisine californienne s'est enrichie des spécialités apportées par les immigrants. La plupart des Italiens de San Francisco sont venus directement sur la côte ouest et les restaurants qu'ils ont ouverts à North Beach figurent parmi les meilleurs du pays. L'une des spécialités est la délicieuse soupe de poissons *cioppino*, dans laquelle il

La nourriture mexicaine authentique est une partie importante de la nourriture de Californie.

y a plus de poissons que de bouillon et tous les crustacés du Pacifique.

La cuisine chinoise: La cuisine chinoise à San Francisco est la meilleure que l'on puisse trouver hors de son pays d'origine. Lorsque vous visiterez Chinatown, faites-vous un petit plaisir à l'heure du déjeuner: essayez un *dim sum*, assortiment de rouleaux de printemps, de boulettes de viande, de patates douces frites et de galettes de riz aux champignons émincés accompagnés de différentes sauces.

Les restaurants de Grant Avenue et des environs offrent une grande variété de cuisines régionales chinoises: pékinoise, sichuanaise, shangaïenne, sans oublier l'omniprésente cuisine cantonaise. Il est recommandé de réserver la veille pour un canard laqué de Pékin; enduit de miel, il est cuit lentement au four avec des petits oignons. Sa finesse subtile contraste avec la saveur du canard fumé du Sichuan ou du Huan. N'oubliez pas les produits de la mer: le bar cuit à la vapeur avec des petits oignons émincés, des haricots noirs, de l'ail, du gingembre et de l'huile de sésame, ou les crevettes à la sichuanaise qui vous sont servies «hot»— brûlantes et…épicées!

La cuisine mexicaine: La cuisine mexicaine a eu une profonde influence sur la table californienne. Vous trouverez les meilleurs restaurants mexicains sur La Cienega Boulevard à Los Angeles et à San Diego. Ils offrent tous un large choix de plats cuisinés, prêts à emporter – croustillants *tacos*, onctueuses *tostadas* et *tortillas* fourrées de bœuf ou de poulet haché, fromage râpé, avocat et haricots frits. Mais les meilleurs plats se consomment sur place, assis. Installez-vous à une table de restaurant et dégustez un repas complet: *sopa de mazorca con pollo* (soupe de maïs au poulet), *carne de puerco en adobo* (porc accompagné d'une sauce au piment) ou *mole poblano* (poulet aux amandes, cacahuètes, sésame, piments, raisins secs, et sauce au chocolat).

La cuisine juive: Hollywood adore la cuisine juive (moins chère à Fairfax Avenue qu'à Beverly Hills). Elle vient d'Europe orientale: *borscht* (soupe au chou et à la betterave avec une crème aigre), *gefilte fish* (carpe farcie ou boulettes de poisson) et *lox* (variété de saumon fumé). Les *blintzes* sont des crêpes fourrées de viande hachée pour l'apéritif, ou de fromage blanc sucré pour le dessert.

Le *corned beef* et le *pastrami* (bœuf émincé et fumé à la roumaine) font de délicieux sandwiches, que l'on sert sur du pain de seigle, avec une salade de pommes de terre et des cornichons. Pour le dessert, ne manquez pas d'essayer le délicieux *cheesecake* (gâteau au fromage), épais et onctueux, avec un fond sucré et croustillant généreusement couvert de fruits rouges.

La cuisine diététique: A l'encontre des tendances culinaires étrangères, la cuisine diététique est très populaire auprès des Californiens, si soucieux de leur forme. Presque tous les restaurants offrent un choix de plats diététiques et/ou végétariens. Venice et Santa Monica à LA, et Mill Valley au nord de San Francisco comptent nombre de *health food restaurants*, où l'on vous servira des salades originales et tous les jus de fruits et de légumes possibles et imaginables.

Les boissons

La Californie est fière de ses vins. Depuis le milieu du XIXe siècle, on cultive la vigne dans les vallées de Sonoma, au nord de San Francisco, et les vins californiens n'ont rien à envier aux meilleurs vins européens.

On distingue les vins selon la variété de cépage européen dont ils proviennent. Parmi les rouges, citons le Cabernet Sauvignon, le Pinot noir, et le Zinfandel dont l'origine intrigue les experts. Les principaux vins blancs sont le Chardonnay, le Sauvignon blanc, le Gewürztraminer et le Riesling.

En ce qui concerne les prix, les vins californiens se défendent aussi très bien face aux vins français, allemands ou italiens. Bien que les meilleurs crus européens soient encore considérés supérieurs, les vins de table sont le plus souvent inférieurs à leurs homologues californiens.

Dans les restaurants et les bars, vous pouvez commander le vin au verre, au pichet ou à la bouteille. Dans les restaurants qui n'ont pas le droit de vendre de l'alcool, vous pouvez apporter votre bouteille.

De nombreuses autres boissons valent aussi qu'on les essaie. La **tequila**, un des plus beaux cadeaux que le Mexique

De beaux paysages des vignobles de la Napa Valley donnent autant de plaisir que les vins.

ait fait à l'Amérique, est excellente en cocktail *Margarita* (mélange de tequila glacée, de Cointreau ou de Triple sec, et de jus de citron vert, servi dans un verre dont le bord est givré de sel). Les **bières** américaines ressemblent aux bières blondes européennes quoiqu'un peu moins fortes. San Francisco est réputée pour sa bière *Anchor Steam*, fabriquée dans une brasserie locale. On sert également de nombreuses bières étrangères parmi lesquelles d'excellentes bières mexicaines telles que la *Bohemia*, la *Corona* et la *Dos Equis*.

Si vous ne buvez pas d'alcool, vous pourrez commander des **jus de fruits frais** ou de l'**eau minérale**. N'oubliez pas que seule la Floride peut rivaliser avec la Californie pour ce qui est de l'orange. Demandez-la fraîchement pressée, buvez-en des litres, et vous finirez par ressembler aux Californiens!

INDEX

Lorsqu'un mot ou un nom est cité à plusiers reprises, la référence principale est indiquée en caractères **gras**. Les références en *italique* renvoient à une illustration.

INFORMATIONS PRATIQUES

Un équivalent en américain (au singulier) est apposé aux tires importants. Dans certains cas, les informations s'achèvent sur quelques expressions clés qui devraient vous tirer d'embarras.

A

AEROPORTS *(airport)*

Los Angeles est desservi par les aéroports de Los Angeles International (LAX) et de Burbank. LAX reçoit les vols internationaux et presque tous les vols intérieurs et Burbank assure quelques vols plus courts. Dans le premier se trouvent des bureaux de change, snack-bars, agences de location de voitures et boutiques hors taxes.

Les mini-bus Super Shuttle font la navette 24h/24 entre LAX et différents points de LA. Tél. (213) 775-6600. Une liaison de LAX à Burbank est assurée par la Super Shuttle. Une navette gratuite amène les voyageurs d'un terminal à l'autre et au terminus des bus publics (RTD – Southern California Rapid Transit District) à la sortie de l'aéroport et dont le service est bien moins cher.

Il y a une station de taxis devant chaque aérogare de LAX. Le trajet jusqu'en ville dure environ 30 minutes et davantage aux heures de pointe. Peut-être votre hôtel offre-t-il un service de limousines gratuit. Renseignez-vous à l'aéroport.

San Francisco est desservi par l'aéroport de San Francisco International (SFO), situé à environ 24km (14 miles) au sud de la ville. L'aéroport abrite des bureaux de change, des restaurants, des salons, des agences de location de voitures et des boutiques hors-taxes.

Le service Airport SFO assure un service de bus, fréquent et direct, entre l'aéroport, Union Square et le quartier des affaires; appelez le (415) 495-8404 pour plus d'informations. De l'aéroport, on peut aller n'importe où dans San Francisco par la navette Super Shuttle, tél. (415) 558-8500. Le trajet dure de 20 à 40min, selon la circulation. Vous trouverez également des taxis à la sortie des aérogares. Le bureau des informations du transit régional de San Diego peut être appelé au (619) 685-4900.

San Diego International Airport (Lindbergh Field) est situé à 5km (3 miles) au nord-ouest du centre de San Diego. Le service de bus n° 2 relie l'aéroport au centre-ville; tél. (619) 233-3004 pour plus d'informations. Vous trouvez également des taxis à la sortie des aéogares. Le bureau des informations du transit régional de San Diego peut être appelé au (619) 685-4900.

Vols intérieurs. Dans un pays aussi vaste que les Etats-Unis, l'avion est le moyen le plus rapide et le plus pratique. Les lignes les plus fréquentées (par ex. LA-San Francisco) sont assurées par des navettes où la réservation n'est pas obligatoire. Les visiteurs étrangers peuvent acheter un billet d'avance (Visit USA ticket) avec des réductions sur les vols intérieurs et sans obligation d'itinéraire. Pour en bénéficier, vous devrez l'acheter avant votre arrivée en Amérique.

ARGENT

L'unité monétaire est le dollar ($), divisé en 100 cents (¢).

Billets (*bills*): $1, $2 (rares), $5, $10, $20, $50 et $100. Il n'y a pas de plus grosses coupures en circulation. Tous les billets sont de même format et couleur, aussi veillez à ne pas les confondre!

Pièces (*coins*): 1¢ (*penny*), 5¢ (*nickel*), 10¢ (*dime*), 25¢ (*quarter*), 50¢ (*half dollar*) et $1.

Banques et bureaux de change (*banks; currency exchange*). Les banques ouvrent en général de 9h à 17h du lundi au jeudi, jusqu'à 18h le vendredi. Les plus grandes vous changeront l'argent et les chèques de voyage en monnaies étrangères. Les aéroports de San Francisco et de LA ont des bureaux de change ouverts tous les jours de 7h à 23h. A Los Angeles vous pourrez changer de l'argent au Continental Currency Services, 6565 Hollywood Boulevard ouvert 24h/24 du lundi au samedi et jusqu'à 17h le dimanche et à 6401 Hollywood Boulevard ouvert de 8 à 21h en semaine, de 9h à 18h le samedi et de 10h à 17h le dimanche.

Cartes de crédit et chèques de voyage. Les plus importantes sont honorées presque partout et sont très utiles pour louer une voiture ou réserver une chambre d'hôtel par téléphone. Les *traveler's checks* libellés en dollars sont acceptés dans les hôtels, restaurants et magasins. Ceux de $20 sont plus faciles à changer. Les *traveler's checks* en monnaies étrangères devront être échangés dans une grande banque.

Taxe. Les biens et services sont assujettis à une taxe de 8.25%. Dans les hôtels et les motels la taxe est de 11 à 12%. (voir HÔTELS RECOMMANDÉS, p. 130).

AUBERGES DE JEUNESSE (*youth hostel*)

L'American Youth Hostels Association (AYH) a des auberges en Californie. Elles se trouvent dans les lieux de randonnée les plus fréquentés, mais il y en a aussi à San Francisco, LA et San Diego. Un lit coûte $9–15 la nuit si l'on est membre de l'AYH et de l'IYHF. Renseignements: Hosteling International AYH, PO Box 37613, Washington DC 20013-7613, Etats-Unis, tél. (202) 783-6161.

B

BLANCHISSERIE et NETTOYAGE A SEC (*laundry; dry cleaning*)

Votre hôtel dispose peut-être d'un service de blanchisserie et de nettoyage à sec, mais il vaut mieux trouver une laverie dans votre quartier, cela revient moins cher.

C

CAMPING

La plupart des campings sont dans les parcs régionaux, les parcs d'état et les parcs nationaux. Les catégories varient du simple terrain pour tentes uniquement jusqu'au terrain aménagé qui offre le confort le plus moderne et des emplacements équipés pour les grands camping-cars, appelés aussi R.V. (véhicule de loisir) et caravanes. Il faut parfois réserver auprès de la direction du parc. Si vous souhaitez faire une randonnée et passer la nuit dans l'arrière pays, il vous faudra obtenir un *wilderness permit* (autorisation spéciale) délivrée par le bureau central du parc.

Vous trouverez dans le CPTA-RV and *Camping Guide* une liste de sites réservés aux R.V. Ces brochures sont disponibles et gratuites – ESG Mail Service, PO Box 5578, Auburn, CA 95604, tél. (916) 823-1076.

De nombreux campings exigent une réservation de 8 semaines à l'avance. Pour des réservations dans la vallée Yosemite, appelez le 1(800) 436-PARK. Pour les parcs d'état, appelez la corporation Destinet, tél. 1(800) 444-7275, pour les parcs nationaux: 1(800) 365-2267 ou visitez le site internet: www.destinet.com. Pour les parcs privés, appelez le 1(800) 947-7275.

Pour de plus amples informations contactez l'USTTA ou l'Office du Tourisme Californien (voir OFFICES DU TOURISME, p. 120), ou écrivez au California State Parks Store, 1416 9th Street, Sacramento CA 95814, tél.(916) 653-4000. Pour les parcs nationaux, contactez le National Park Service, Building 201, Fort Mason, San Francisco, CA 94123, tél. (415) 556-0560.

CARTES et PLANS

Procurez-vous des cartes et des brochures gratuites dans un Visitor Information Center (voir OFFICES DU TOURISME, p. 120) et dans les National Park Visitor Centers. Vous pouvez acheter dans des librairies et des stations-service des plans et cartes des villes et de l'Etat.

CLIMAT

Le climat californien varie beaucoup d'un endroit à l'autre. Le sud de l'Etat baigne dans un climat méditerranéen mais, à Los Angeles, il y a le *smog* (brouillard causé par la pollution). Les déserts de Mojave et de Death Valley ont des températures torrides en été (38°C et plus). San Francisco est plus froide et humide. Les mois les plus ensoleillés sont d'août à octobre et les plus humides de décembre à février. En hiver, de sévères chutes de neige dans les montagnes de la Sierra Nevada, à l'est de l'Etat, bloquent les routes dans les défilés. Moyenne des températures maximales pendant la journée:

		J	F	M	A	M	J	J	A	S	O	N	D
Los Angeles	°C	18	19	20	22	23	25	28	29	28	25	23	19
	°F	64	66	68	71	74	77	83	83	82	77	73	68
San Francisco	°C	13	15	16	17	17	19	18	18	21	20	17	14
	°F	56	59	61	61	62	64	64	65	69	68	63	57

COMMENT S'HABILLER

Dans la Californie du sud les gens s'habillent, toute l'année, de manière légère et décontractée. Seuls les restaurants ultra-chic exigent, pour les hommes, le veston et la cravate. Si vous visitez le nord de l'Etat attendez-vous à un climat plus froid, pluvieux en hiver et emportez donc pull et imperméable. N'oubliez pas d'amener une bonne paire de chaussures de marche pour affronter toutes les collines de San Francisco.

COMMENT Y ALLER

Au départ de la Belgique

Los Angeles. Il faut changer d'avion à Chicago ou à New York ou passer par Amsterdam, Copenhague, Francfort, Paris, Londres ou Zurich.

San Francisco. Le changement se fait à New York ou à Francfort, Paris ou Londres.

Au départ du Canada Français (Montréal)

Los Angeles. Il y a des vols quotidiens via Toronto. On peut passer par Detroit.

San Francisco. Des vols quotidiens via Toronto.

Au départ de la France

Los Angeles. Il existe 6 ou 7 vols par semaine, ou voyager par Dallas, New York, Washington ou Londres.

San Francisco. Il existe 5 vols par semaine ou via Chicago, Dallas, New York, Los Angeles ou Londres.

Au départ de la Suisse Romande

Los Angeles. De 3 à 5 vols sont assurés chaque semaine.

San Franscico. Via Los Angeles, New York, Amsterdam, Londres ou Paris.

Tarifs spéciaux

Au départ de la Belgique. Vous avez les tarifs PEX (valables de 7 jours à 1 an), APEX (idem) et excursion (7 jours à six mois).

Au départ de la France. Le Tarif APEX (7 jours à 2 mois) et le billet vacances (14 jours à 2 mois) vous sont proposés.

Au départ de la Suisse. Renseignez-vous au sujet des tarifs excursion (7 jours à un an), PEX All Week (14 jours à 3 mois), PEX Mid Week (idem) et SUPER APEX (7 jours à 3 mois).

Au départ du Canada. Voyez les tarifs Super Saver et excursion.

Charters et voyages organisés

Vous avez des charters au départ de plusieurs villes d'Europe. Nombreuses sont les agences qui proposent un circuit en Californie depuis l'Europe ou le Canada avec des excursions à Las Vegas, Yosemite, etc. La formule du Fly-Drive (vol régulier et voiture) est intéressante.

Bagages. Sur les vols internationaux, la limite est entre 20 et 40kg, selon votre billet. Vous avez droit à un seul bagage à main.

CONDUIRE EN CALIFORNIE

Les routes en Californie. Roulez à droite. La vitesse est limitée à 50–55km/h (30–35mph) en ville et 90km/h (55mph) sur les autres routes sauf les freeways où une vitesse limite de 105km/h (65mph) est autorisée. Sur les autoroutes la voie rapide n'existe pas et on peut doubler à droite. Les camions ne doivent pas utiliser la voie extérieure, mieux vaut donc ne pas les gêner sur la voie centrale. Conduire en état d'ivresse est une grave infraction; il est interdit d'avoir dans sa voiture une bouteille d'alcool ouverte. Le port de la ceinture de sécurité est obligatoire.

En Californie, il vous est permis de tourner à droite si le feu est rouge, à condition que la route soit dégagée et qu'il n'y ait plus de piétons. Dans les agglomérations, il est fréquent de trouver des carrefours où les 4 voies sont équipées de panneaux «stop». Il faut s'arrêter et donner la priorité aux voitures arrivées au carrefour avant vous. Chaque véhicule passe à tour de rôle. Attention aux bus scolaires de couleur orange vif. Lorsqu'un bus scolaire s'arrête et met ses clignotants rouges, la circulation doit s'arrêter dans les deux sens. A San Francisco, les funiculaires ont la priorité sur les autres véhicules.

Stationnement. En ville, vous trouverez surtout des parc-mètres et des parkings souterrains ou à étages. Si vous vous garez dans la rue, faites attention aux signalisations. Les infractions aux règles de stationnement sont sévèrement pénalisées et votre voiture pourrait être enlevée par la fourrière. Une bordure de trottoir peinte en rouge signifie l'interdiction de stationner quelle que soit l'heure; même interdiction près des bouches d'incendie. Si vous garez votre voiture pour la nuit, vérifiez sur les panneaux les jours où on fait le nettoyage des rues. A San Francisco, vous devez bloquer les roues avant du véhicule contre le trottoir si vous stationnez dans une rue en pente raide.

Essence. L'essence, beaucoup moins chère qu'en Europe et presque toujours sans plomb est vendue au gallon (3.78l). Les stations-service sont faciles à trouver. Le libre-service est la norme. Beaucoup sont ouvertes 24h/24. Il faut parfois payer avant de faire le plein.

En cas d'urgence. En cas de panne sur l'autoroute, rangez-vous, allumez les feux de détresse et soulevez le capot. Si vous êtes près d'un téléphone de secours, la police des routes vous répondra. Sinon, attendez le passage d'une voiture de patrouille qui vous aidera. Le numéro de téléphone public de la patrouille des autoroutes de Californie est le (213) 953-7383. S'il s'agit d'une voiture de location, suivez les indications de l'agence.

Assurez-vous que votre assurance vous couvre aussi à l'étranger. Les compagnies californiennes proposent des contrats à court terme mais à des prix exorbitants (voir location de voitures, p.133). Les assureurs américains internationaux (The American International Underwriters, AIU) propose des contrats d'assurance à court terme. Contactez-les au numéro de téléphone suivant: (392) 761-3107 ou 1(800) 343-5761.

Distances. Voici les distances (miles/kilomètres) entre quelques grandes villes avec la durée approximative du trajet en voiture.

San Diego–Los Angeles	118/190	2h30
Los Angeles–San Francisco	425/684	9h
San Francisco–Yosemite National Park	193/310	4h30
Los Angeles–Sequoia National Park	227/365	5h
Los Angeles–Las Vegas	284/457	6h
Los Angeles–Tijuana, Mexique	135/217	3h

Signalisation routière Outre les panneaux internationaux, vous en verrez certains qui portent les inscriptions suivantes:

Expressway	Autoroute sans péage
No parking along highway	Route à stationnement interdit
Railway crossing	Passage à niveau
Men working	Travaux
No passing	Dépassement interdit

CONSULATS

A Los Angeles

Belgique	6100 Wilshire Blvd., Suite 1200, tél. (213) 857-1244
Canada	300 South Grand Avenue, 10th Floor, tél. (213) 346-2700
France	10990 Wilshire Blvd., Suite 300, tél. (310) 235-3200
Suisse	11766 Wilshire Blvd., Suite 1400, tél. (310) 575-1145

A San Francisco

France	540 Bush Street, tél. 397-4330.
Suisse	456 Montgomery St, Suite 1500, tél. 788-2272

D

DECALAGE HORAIRE et DATES

La Californie au *Pacific Standard Time* (PST=GMT moins 8 heures). L'heure d'été (ou *Daylight Saving Time*) est en vigueur d'avril à octobre). Pour savoir l'heure exacte à Los Angeles, composez le numéro 853-1212; et le 364-7974 pour San Francisco.

Aux Etats-Unis, les dates s'écrivent dans l'ordre suivant: mois/jour/année. Par exemple, le 2/4/99 est le 4 février 1999. Le tableau ci-dessous vous montre le décalage horaire, en hiver, entre la Californie et d'autres villes.

Californie	Montréal	Bruxelles	Genève	Paris
midi	15h	21h	21h	21h

DELITS (Voir aussi POLICE, p.122)

Prenez toutes les précautions d'usage: ne vous promenez pas avec trop d'argent liquide, ne laissez pas vos objets de valeur dans votre chambre mais déposez-les dans le coffre de votre hôtel et méfiez-vous des pickpockets dans les endroits où il y a foule. Ne laissez jamais sacs ou objets de valeur en vue dans votre voiture, gardez-les sur vous ou enfermez-les dans le coffre. Tout vol ou toute perte doit être immédiatement signalé à la police afin d'être en règle avec l'assurance-voyage. En cas de vol ou de perte de votre passeport, il faut également le signaler à votre consulat (voir CONSULATS, p. 112).

Il y a certains quartiers où les visiteurs doivent être prudents la nuit, tels que le centre-ville et Venice Beach à Los Angeles, le Tenderloin (triangle formé par Ellis, Hyde et Market Streets) et Western Addition à San Francisco.

DOUANE et FORMALITES D'ENTREE

Pour entrer aux Etats-Unis, les visiteurs français, suisses et belges doivent présenter un passeport valide, un billet aller/retour et un formulaire de demande d'exemption de visa remis par la compagnie de transport avant le départ. Les Canadiens n'ont qu'à apporter une preuve de leur nationalité. Chacun remplira avant l'arrivée un formulaire de déclaration de douane (distribué peu avant l'atterrissage). Un visa est nécessaire pour les séjours excédant 90 jours. Il peut être obtenu auprès du consulat (ou ambassade) des Etats-Unis. Pour tout renseignement, adressez-vous à votre agence de voyage ou à un consulat des Etats-Unis. Les aéroports américains ont désormais des couloirs rouge et vert et les formalités douanières sont assez rapides.

Voici ce que vous pourrez importer aux Etats-Unis (si vous avez plus de 21 ans) et rapporter dans votre pays en franchise: un non-résident peut aussi introduire en franchise à titre de cadeau, des marchandises dont la valeur ne doit pas dépasser $100. Les visiteurs ne sont pas autorisés à importer des plantes, graines, légumes, fruits, viandes et autres aliments frais; toute denrée alimentaire est inspectée. A l'arrivée comme au départ, toute somme (en chèque ou en liquide) excédant $10 000 doit être déclarée.

Le tableau ci-dessous énumère quelques articles que vous êtes autorisé à importer aux Etats-Unis (si vous avez plus de 21 ans) ou à rapporter chez vous.

	Cigarettes		Cigares		Tabac	Alcools		Vins
Etats-Unis	200	ou	50	ou	1350g	1*l*	ou	1*l*
Belgique	200	et	50	et	900g	1*l*	ou	2*l*
Canada	200	et	50	et	900g	1,14*l*	ou	1,14*l*
France	200	ou	50	et	900g	1*l*	et	2*l*
Suisse	200	ou	50	ou	250g	1*l*	ou	2*l*

EAU

L'eau du robinet est potable. L'Etat connaît une pénurie d'eau et les visiteurs sont invités à suivre quelques règles: prendre des douches au lieu de bains, ne pas laisser le robinet couler pendant qu'on se brosse les dents ou qu'on se rase. Si vous campez dans les parcs nationaux, ne soyez pas tenté de boire l'eau des cours d'eau ou des rivières sans l'avoir faite bouillir cinq minutes ou sans y avoir ajouté un comprimé aseptisant.

ELECTRICITE

La norme américaine est de 110 volts, 60 Hz. Les prises de courant ont deux fiches plates. Vous aurez besoin d'un adaptateur et d'un transformateur (240–110) pour vos appareils électriques.

ENFANTS

La Californie est un immense terrain de jeux. A part les attractions telles que Disneyland, Universal Studios et autres parcs, il y a d'innombrables possibilités d'amuser les jeunes. En voici quelques-unes:

Los Angeles. Passez une journée à la plage de Santa Monica, Marina del Rey, Dockweiler ou Dana Harbor; louez un bateau à Fisherman's Village et faites une promenade en mer autour de Marina del Rey; à Santa Monica Pier, montez sur les manèges; allez au George C. Page Museum à La Brea Tar Pits; amusez-vous aux expositions interactives du Los Angeles Children's Museum; louez des bicyclettes; ou apprenez tout sur les étoiles au Planétarium du Griffith Observatory.

San Francisco. Familiarisez-vous avec la science et la technologie à l'Exploratorium; faites un tour en funiculaire ou descendez la rue la plus tortueuse du monde (Lombard); regardez les clowns et les jongleurs à Fisherman's Wharf et explorez l'intérieur d'un sous-marin à USS Pampanito puis mangez des chocolats à Ghirardelli Square; ou faites une promenade en voiture le long de la côte pour voir les loutres de mer et toutes sortes de crabes au Monterey Bay Aquarium.

San Diego. Allez au San Diego Zoo, ou allez voir l'épaulard et les dauphins à Sea World; en hiver, essayez de repérer des baleines à partir du poste d'observation de Point Loma; détendez-vous sur la plage à Mission Bay; jouez avec une étoile de mer au Stephen Birch Aquarium à La Jolla, ou regardez les deltaplanes et les avions télécommandés au Torrey Pines Glider Park, juste au nord de La Jolla; flânez dans les magasins de jouets à Horton Plaza puis, dans un café en plein air, au dernier étage, jetez-vous sur une coupe de glace.

HORAIRES

Banques. Elles sont généralement ouvertes de 9h à 17h du lundi au jeudi et jusqu'à 17h ou 18h le vendredi. Il y en a qui sont ouvertes le samedi matin.

Bureaux de poste. Ouverts de 8h à 17h du lundi au vendredi et de 8h à 15h le samedi (8h30 à San Francisco) .

Magasins. Ils sont généralement ouverts de 10h à 20h du lundi au samedi. Les grandes surfaces et les grands magasins ouvrent jusqu'à 21h, au moins une fois par semaine et certains le dimanche après-midi. De nombreux supermarchés et drugstores sont ouverts 24h/24, 7 jours/7. Les centres commerciaux ouvrent souvent tard 7 jours/7.

Centres d'intéret dans la région de San Francisco

Alcatraz. Ouvert 7 jours/7 de 9h30 à 16h15; en hiver jusqu'à 14h45; tél. (415) 546-2700.

Coit Tower. Ouverte 10h à 17h30: mars à sept; 9h à 16h30: oct. à févr.; tél. (415) 362-0808.

Golden Gate Park. M. H. de Young et Asian Art Museums, ouverts de 9h30 à 17h du mer. au dim., tél. (415) 863-3330. California Academy of Sciences ouvert de 10h à 17h tous les jours, plus tard en été. Japanese Tea Garden ouvert de 9h à 18h30 en été, de 8h30 au coucher du soleil en hiver; Tea House de 10h à 18h et au coucher du soleil en hiver.

Palace of the Legion of Honor. Ouvert de 9h30 à 16h45 mar. à dim. et jusqu'à 20h45 le 1er samedi de chaque mois; tél. (415) 750-3600.

Exploratorium. Ouvert de 10h à 17 h du mardi au dim. (le mer. jusqu'à 21h30); tél. (415) 561-0360 et pour Tactile Dome (415) 561-0362

Fort Point National Historic Site. Ouvert de 10h à 17h mer. à dim., tél. (415) 556-1693.**Centres d'intéret dans la région de Los Angeles**

Disneyland. Appelez le (714) 781-4565/4560 pour les horaires.

Farmers' Market. Ouvert à 7h pour du café; autrement de 9h à 19h du lundi au samedi, de 10h à 18h le dimanche, tél. (213) 933-9211. Parking: gratuit.

Huntington Library. Ouvert de 10h à 16h30 du mardi au dimanche, tél. (818) 405-2141.

The Getty Center. Le Centre est situé à 1200 Getty Center Drive, Los Angeles, CA 90049, tél. (310) 440-7300. Ouvert à partir de décembre 1997.

Knott's Berry Farm. Appelez le (714) 220-5200 pour les horaires.

Norton Simon Museum. Ouvert de midi à 18h du jeudi au dimanche, tél. (818) 449-6840.

Queen Mary. Ouvert de 10h à 18h tous les jours, tél. (310) 435-3511.

Universal Studios. Appelez le (818) 508-9600 pour les horaires.

HOTELS et LOGEMENTS

(Voir aussi HÔTELS RECOMMANDÉS ET AUBERGES DE JEUNESSE, pp. 107, 129-136)

A Los Angeles et San Francisco il est préférable de réserver à l'avance. Le Visitor Information Center (voir OFFICES DU TOURISME, p. 120) vous fournira la liste des établissements hôteliers.

Les **motels** sont des établissements hôteliers parmi les plus avantageux. La plupart font partie de chaînes nationales, aussi pourrez-vous faire toutes vos réservations en même temps. Ils sont classés en différentes catégories (du simple au luxueux).

Les **Bed-and-Breakfast** sont beaucoup plus chers qu'en Europe. L'Office du Tourisme Californien vous fournira une brochure California *Bed-and-Breakfast Inns* qui donne des informations sur quelque 200 établissements.

J

JOURNAUX et MAGAZINES *(magazine; newspaper)*

Un hebdomadaire de langue française, Le journal français d'Amérique ainsi que certains journaux français sont en vente dans des librairies spécialisées ou dans les points de vente de la presse internationale.

JOURS FERIES

Les banques, les administrations et de nombreux commerces ferment les jours fériés ou le vendredi qui précède si la fête tombe un samedi; le lundi qui suit si la fête tombe un dimanche. Thanksgiving est une fête très importante qui dure du jeudi au dimanche.

1er janvier	*New Year's Day*	Jour de l'an
3e lundi de janvier	*Martin Luther King Day*	Journée de Martin Luther King
3e lundi de février	*Presidents Day*	Journée des Présidents
dernier lundi de mai	*Memorial Day*	En souvenir des soldats disparus
4 juillet	*Independance Day*	Fête de l'Indépendance
1er lundi de septembre	*Labor Day*	Fête du Travail
2e lundi d'octobre	*Columbus Day*	Journée de Colomb
11 novembre	*Veterans' Day*	Journée des Anciens Combattants
dernier jeudi de novembre	*Thanksgiving Day*	Journée d'action de grâce
25 décembre	*Christmas Day*	Noël

L

LANGUE

L'américain est différent de l'anglais style Oxford, et il vous faudra quelque temps pour être dans le bain. Les mots n'ont pas toujours le même sens qu'en anglais et l'accent peut vous désorienter. Dans les hôtels et les magasins, on ne parle qu'anglais (parfois espagnol).

Vous trouverez une liste d'expressions utiles en couverture de ce guide, mais que vous sachiez ou non l'anglais, il est certains américanismes qui pourraient vous être bien utiles.

bill	billet de banque
billfold	portefeuille
check	addition (restaurant)
elevator	ascenseur
first floor	rez-de-chaussée
gasoline	essence
liquor	alcool
pavement	chaussée
purse/pocketbook	sac à main
round-trip (ticket)	billet aller et retour
second floor	premier étage
sidewalk	trottoir
stand in line	faites la queue
trailer	caravane

Le Guide de Conversation Berlitz-Anglais (édition nord-américaine) vous aidera en bien des circonstances.

LOCATION DE VOITURES (*car rental*)

(Voir aussi CONDUIRE, p.110)

Il existe des dizaines d'agences de location de voitures dans toutes les grandes villes. L'âge minimum requis varie entre 18 et 25 ans, mais en général c'est 21 ans. Vous aurez besoin d'un permis de conduire, de votre passeport et d'une des principales cartes de crédit; on n'accepte pas, en général, le paiement en espèces. Les tarifs varient et nous vous conseillons de consulter plusieurs agences pour .obtenir le plus avantageux. On obtient souvent de meilleurs tarifs en réservant et en payant dans son propre pays. Vérifiez que le tarif comprend une *collision damage waiver* (dérogation en cas de dommages accidentels), le kilométrage (*mileage*) illimité et les taxes locales, car tout cela peut augmenter considérablement le coût. Une assurance au tiers couvrant au minimum $1 000 000 est conseillée.

OBJETS TROUVES

Les aéroports, gares ferroviaires et routières, grands magasins et centres commerciaux offrent un service d'objets trouvés (*lost and found*). Si vous avez perdu un objet de valeur, prévenez la police. S'il s'agit de votre passeport, prévenez immédiatement votre consulat (voir CONSULATS, p.112).

OFFICES DU TOURISME

Si vous souhaitez obtenir des renseignements d'ordre général avant votre départ, contactez l'un des centres d'informations suivants:

Belgique	Visit U.S.A. Center, Air Terminal, 35, rue du Cardinal Mercier, 1000 Bruxelles, tél.(02) 5 11 51 82
Canada	U.S.T.T.A., Montréal, tél. (514) 861-5036
France	Office du Tourisme des Etats-Unis, Paris, tél. (1) 42 60 57 15
Suisse	s'adresser au bureau de Paris.

Aux Etats-Unis. California Office of Tourism, 801 K Street (Suite 1600), Sacramento, CA 96812, tél. 1(800) 862-2543.

Principaux offices du tourisme (Visitor Information Centers):

San Francisco. Visitor Information Center, Lower Level, Hallidie Plaza, 900 Market Street (entre Powell et Market Streets), tél. (415) 391-2000. Ouvert du lundi au vendredi de 9h à 17h30, le samedi de

9h à 15h, le dimanche de 10h à 14h. Un répondeur téléphonique vous donnera 24 heures sur 24 des informations sur les divers événements et activités quotidiens au numéro (415) 391-2001. Vous pouvez également écrire à San Francisco Convention and Visitors Bureau, PO Box 429097, San Francisco, CA 94142- 9097.

Los Angeles Convention and Visitors Bureau a deux Visitor Information Centers: centre-ville, au 685 S. Figueroa Street, ouvert du lundi au samedi de 8h à 17h; et à Hollywood, Janes House, Janes Square, 6541 Hollywood Boulevard, ouvert du lundi au samedi de 9h à 17h. Pour informations ou conseils appelez le (213) 689-8822, ou écrivez à Los Angeles Convention and Visitors Bureau, 515 S. Figueroa Street (Suite 1100), Los Angeles, CA 90017.

San Diego International Visitor Information Center, First Avenue à F Street, 11 Horton Plaza, tél: (619) 236-1212. Ouvert tous les jours de 8h30 à 17h, sauf les jours de Thanksgiving et de Noël, dimanche de 11h à 17h de juin à août. Ecrivez à San Diego Convention and Visitors Bureau, 401 B Street (Suite 1400), San Diego, CA 92101; tel. 232-3101.

P

PHOTOGRAPHIE et VIDEO

Vous trouverez les marques de films les plus courantes dans les aéroports, les drugstores, les magasins d'appareils-photo et les boutiques de développement rapide. Vous pourrez acheter des cassettes-vidéo de tout genre, mais celles pré-enregistrées aux Etats-Unis ne sont pas compatibles avec les systèmes européens.

POIDS et MESURES

Les Etats-Unis sont un des derniers pays au monde à résister au système métrique. Les tableaux qui suivent pourront donc vous être utiles lors de votre séjour.

Longueur

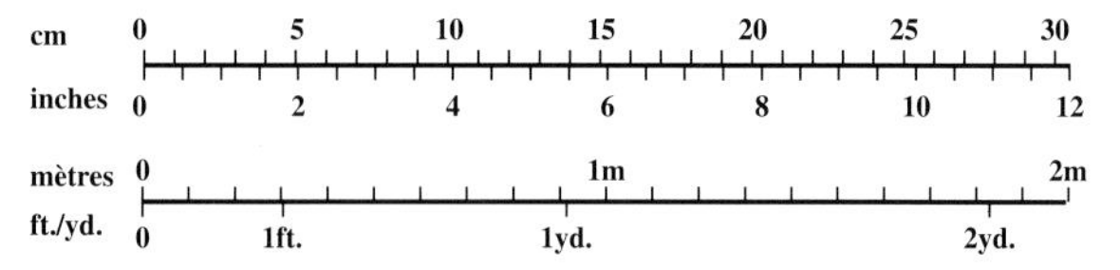

Poids

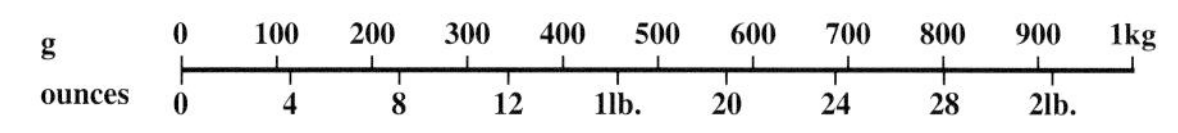

Capacité

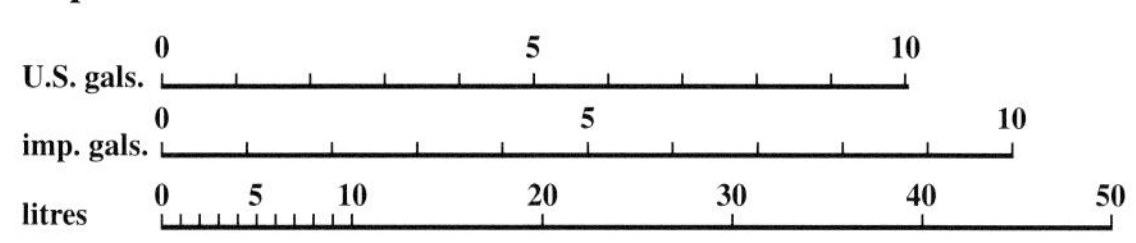

Distance

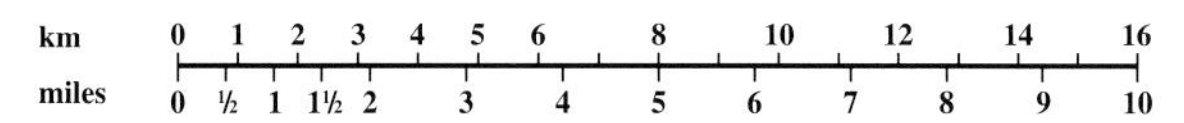

POLICE

Signalez les vols et délits au commissariat de police de la ville où ils ont eu lieu. Cette démarche est nécessaire pour toute déclaration auprès de votre assurance. En cas d'urgence, composez le 911 et demandez la police. La Californie Highway Patrol (CHIPS) surveille les autoroutes sans péage. Les téléphones de secours sont situés sur les principales routes.

POSTE (*post office*)

Bureaux de poste. Ils sont ouverts de 9h à 17h du lundi au vendredi et de 9h à 13h le samedi. Dans les drugstores, aéroports, gares ferroviaires et routières et autres lieux publics, vous trouverez des distributeurs automatiques de timbres. Les boîtes aux lettres sont bleues et généralement situées aux coins des rues.

Poste restante (*general delivery*). Si vous ne connaissez pas encore votre lieu de séjour, faites adresser votre courrier au General Delivery, Metropolitan Station, 901 South Broadway, Los Angeles, CA 90014 (il faut les prévenir à l'avance) ou au General Delivery, Main Post Office, Seventh and Mission Streets, San Francisco, CA 94101. Votre courrier sera conservé 30 jours.

American Express pourra aussi garder le courrier des visiteurs (sans frais, si vous possédez leur carte crédit où leurs chèques de voyages): AMEX, 8493 W. 3rd Street, La Cienega, Los Angeles, CA 90048, tél. (310) 659-1682 ou 901 W. 7th Street, Los Angeles, CA 90017; ou AMEX, 237 Post Street, San Francisco, CA 94108, tél. (415) 546-1443.

Télégrammes et télécopies. Le service du télégraphe est indépendant de la poste. On peut dicter un message par téléphone en appelant un bureau du télégraphe et en faire porter le prix sur la note d'hôtel ou le dicter d'une cabine et payer sur place. Une lettre-télégramme (de nuit) coûte moitié moins cher qu'une dépêche ordinaire, mais elle met double de temps pour parvenir à destination. Vous pouvez envoyer des télécopies des hôtels ou des magasins appropriés.

POURBOIRES (*tipping*)

Le pourboire n'est pas compris et il est d'usage de laisser un pourboire de 15 à 20% au serveur et un pourboire au personnel de l'hôtel, aux guides et aux chauffeurs de taxi.

POUR EQUILIBRER VOTRE BUDGET

Vous trouverez ci-dessous quelques exemples de prix moyens, exprimés en dollars ($) tels qu'ils sont pratiqués en Californie. En raison de l'inflation, les prix n'ont toutefois qu'une valeur indicative.

Aéroports (transferts). De LAX à Hollywood ou au centre de LA par navette de l'aéroport $12-20, tél. 1(800) RED-VANS; en taxi

$26. Taxi SFO International au centre-ville de San Francisco par navette de l'aéroport $10-12, en taxi $28-30.

Camping. Tentes: sites aménagés $15–23 la nuit; sites sauvages $14–23 la nuit. Sites aménagés pour caravanes et R.V. $16-40 la nuit. Moins de $12 la nuit sur certains campings publics pour les tentes et les RVs. Rabais possibles pour les personnes handicappées. Prix de la réservation pour les vétérans de guerre américains $6,75, camping gratuit. Appelez Destinet au 1(800) 444-7275.

Centres d'intérêt. Musées et galeries $2–9; parcs d'attractions à partir de $20; Universal Studios, Disneyland adultes $34, pers. âgées $30, enfants de 3-11 $26; en dessous de 3 ans gratuit; Alcatraz, $11 visite audio guidée incluse; Hearst Castle $14 la visite guidée, tél. 1(800) 444-4445 ou (805) 927-2020; parcs nationaux entrée $5 par véhicule.

Distractions. Cinéma $5-8; théâtre $15–20+; concerts $10–30+; prix d'admission des boîtes de nuit $5-12.

Hôtels (chambre double avec salle de bain). Motel ou catégorie économique $60–70; catégorie moyenne $90–175; de luxe $125–395.

Location de voitures. Comptez de $20–100 par jour et de $170–310 par semaine pour une voiture économique avec kilométrage illimité, taxes et assurance. L'essence coûte $1,30–1,40 le gallon.

Repas et boissons. Petit déjeuner au restaurant $4–6; déjeuner dans un café $6-8; dîner dans un restaurant à partir de $15. Café $1; boissons non alcoolisées $1; vin à partir de $10 la bouteille; bière $2,50 le verre.

Taxis. Tarif de base de $1,70 plus $1,80 par mile.

Transports publics. A San Francisco: bus MUNI et trolleys $1; funiculaires $3; carte hebdomadaire $15; métro BART $2,60; ferry boat pour Sausalito $4,25-$5,50 aller simple. A Los Angeles: bus RTD $1,35 tarif de base; bus DASH centre-ville $0,25; Métro $1,35 tarif unique. A San Diego: bus et trolley $1,50, pers. âgées $0,75.

Voyages organisés. Croisière de Long Beach à Catalina et retour $25-36, Catalina Cruises, tél. 1(800) 228-2546 ou Catalina Express, tél. 1(800) 995-4386; excursion en car Monterey – Hearst Castle $70, appelez Ottermobile (408) 625-9782 ou Hearst Castle 1(800) 444-4445; excursions en bateau à partir de San Francisco pour observer les baleines $40+, tél. (415) 391-2399.

R

RADIO et TELEVISION

Vous aurez certainement un téléviseur dans votre chambre d'hôtel avec 30 chaînes. Les chaînes nationales ABC, CBS, NBC et FOX diffusent toutes un journal télévisé d'une heure en début de soirée. PBS diffuse des programmes de qualité sans annonces publicitaires. Parmi les chaînes cablées: HBO diffuse des films en permanence, CNN des nouvelles 24h/24 et MTV des vidéos de musique pop. Les journaux ont la liste des programmes.

RECLAMATIONS

Si vous avez une réclamation sérieuse à faire et que vous en avez discuté sans succès avec le directeur de l'établissement concerné, contactez le Consumer Complaint and Protection Co-ordinator, tél: (213) 620-5225 à Los Angeles, ou le 1(800) 952-5225, numéro vert que l'on peut appeler de partout en Californie. Hors Californie: (916) 322-3360.

S

SOINS MEDICAUX (Voir aussi URGENCES, p. 128)

Avant le départ, vérifiez que votre assurance maladie vous couvre à l'étranger. Aux Etats-Unis, les soins médicaux ne sont pas gratuits et une visite chez un médecin ou un séjour à l'hôpital peuvent s'avérer très onéreux.

Si vous avez besoin d'un médecin, votre hôtel vous en indiquera un. Sinon, appelez la Los Angeles County Medical Association, tél.(310) 828-1318, pour obtenir une référence d'un hôpital proche ou la San Francisco Medical Society, tél. (415) 561-0853, pour obtenir une référence d'un médecin particulier. Si vous avez besoin d'un dentiste, appelez la Dental Referral Service, tél.1(800) 235-4111, qui assure une permanence 24 heures sur 24. C'est un service national qui vous proposera un dentiste en fonction de votre emplacement et des soins demandées.

Les médicaments s'obtiennent sur ordonnance en pharmacie. Les *drugstores* ouvrent 7 jours/ 7 et bon nombre livrent à domicile.

TAXIS

Aux Etats-Unis, le téléphone dépend d'entreprises privées parmi lesquelles AT&T, MCI et Sprint. Il y a des cabines téléphoniques à pièces ou à cartes. Vous pourrez établir une communication locale, longue-distance, internationale et en P.C.V. de n'importe quel appareil. Pour les appels hors localité, composez le 1, le code du district et le numéro de votre correspondant. Les cabines à pièces prennent les pièces de 25¢, 10¢ et 5¢ (tarif minimum 25¢). Pour les appels longue-distance, composez le numéro et on vous donnera le tarif minimum. Dans une cabine à carte, introduisez votre carte et faites le numéro.

Pour téléphoner en France, appelez d'abord l'opératrice pour savoir le tarif puis composez 011 33 et le numéro de votre correspondant. Pour appeler en P.C.V., composez le 1(800) 537-2623, qui vous reliera avec une opératrice en France.

Opératrice	0
Opératrice internationale	00 (AT&T téléphones)
Renseignements locaux	411
Renseignements longue-distance	1 puis code de la région 555-1212

TOILETTES (*restroom ou bathroom*)

Vous trouverez des toilettes publiques dans les aéroports, gares ferroviaires et routières, musées, grands magasins, restaurants, stations-service et centres de loisir. L'accès à certaines toilettes coûte 25¢.

TRANSPORTS PUBLICS

San Francisco et la Bay Area. Il y a un bon réseau de transports en commun, ferries et métro BART. Les bus et les tramways dépendent de Municipal Railways (MUNI) et desservent toute l'aire métropolitaine. Pour toute information, appelez le (415) 673-MUNI, ou procurez-vous un plan du réseau au Visitor Information Center.

Le BART (*Bay Area Rapid Transit System*) est une ligne de métro qui relie San Francisco à l' East Bay. Les rames sont fréquentes et circulent de 4h à minuit du lundi au vendredi, de 6h à minuit le samedi et de 8h à minuit le dimanche.

Des ferry-boats quotidiens partent pour Sausalito et Lakespur depuis le Ferry Building au bout de Market Street, tél. (415) 332-6600. Des ferry-boats rouges et blancs pour Sausalito et pour Angel Island partent du Pier 43, pour Alcatraz du Pier 41, tél. (415) 546-2700. Les bateaux Alameda-Oakland pour Alameda, Angel Island et le port de Oakland partent de Fisherman's Wharf et du Pier 39, tél. (510) 522-3300.

Los Angeles. Etant donné l'étendue de la ville, il est moins facile d'y circuler en utilisant les transports en commun. C'est la Metropolitan Transit Authority (MTA) qui gère la plupart des bus et le service de tram. Pour information appelez le (213) 626-4455. Santa Monica Municipal Bus Lines dessert les secteurs de l'ouest de Los Angeles, Santa Monica, Malibu, Pacific Palisades, Venice et Marina del Rey (tél. (310) 451-5444). Le centre-ville est desservi par les bus shuttle (navettes) DASH; il y a un bus toutes les 5 à 20 minutes, tél. 1(800) 2LA-RIDE).

Un réseau de métro est actuellement en construction. Il reliera le centre de la ville (Downtown) à quelques banlieues.

Des ferry-boats assurent un service régulier de San Pedro et Long Beach à Catalina Island. Vous obtiendrez les horaires et les tarifs en appelant Catalina Express, tél. (310) 519-1212, ou Catalina Cruises, tél. (213) 253-9800, ou 1(800) CATALINA ou 1(800) 995-4386.

San Diego. Il y a un excellent réseau de bus et de tramways; the *Metropolitan Transit System* (MTS) gère les bus, tél. (619) 233-3004 et les trolleys; le service de tram va jusqu'à la frontière mexicaine. Le Transit Store, 449 Broadway, tél. (619) 234-1060, fournit cartes, horaires et *Day Tripper Transit Pass* (billet pour la journée).

U

URGENCES *(emergency)*

En cas d'urgence, composez le **911** pour la police, les pompiers et le service des ambulances; l'opératrice vous mettra en rapport avec le service dont vous avez besoin.

V

VOYAGEURS AVEC DESAVANTAGE

Tout immeuble récent est pourvu de rampes d'accès pour les fauteuils roulants et de toilettes adaptées. Les trottoirs sont d'accès facile. Les transports publics ont entrepris des modifications pour faciliter l'accès et le personnel a été formé pour aider les handicapés. Pour plus d'informations adressez-vous aux organismes suivants:

Los Angeles. County Commission on Disabilities, Room 383 Hall of Administration, 500 W. Temple Street, Los Angeles, CA 90012, tél.(213) 974-053 ou (213) 974-1707 (Appareil de communication pour les sourds).

San Francisco. Centre d'informations des visiteurs de San Francisco, Hallidie Plaza, niveau inférieur, rues Powell et Market, San Francisco, CA 94102, tél.(415) 391-2000.

San Diego. Accessible San Diego, 11010 2nd Avenue, Suite 1630, San Diego, CA 92101, tél. (619) 279-0704, fax (619) 279-5118. Adresse: PO Box 124526, San Diego, CA 92112-4526.

GUIDES DES HOTELS ET RESTAURANTS DE CALIFORNIE

Hôtels recommandés

La Californie propose une gamme d'établissements hôteliers à tous les prix, du simple motel à l'hôtel cinq étoiles. Nous vous conseillons de réserver. Si vous appelez des Etats-Unis, utilisez les numéros verts commençant par (800) que vous trouverez ci-dessous; profitez des tarifs à la semaine, des réductions pour le week-end et des forfaits famille (aucun supplément pour les enfants occupant la chambre de leurs parents).

A moins de faire partie d'un voyage organisé, le prix de la chambre n'inclut pas les repas. Presque toutes les chambres possèdent une salle de bains, l'air conditionné et un téléviseur. Beaucoup d'établissements, à Los Angeles, San Diego et San Francisco proposent des tarifs réduits et la pension complète du vendredi au dimanche. Des tarifs réduits sont également proposés en hiver. Nous conseillons à ceux qui voyagent en voiture de vérifier si un supplément leur sera demandé pour le parking. Notez que toutes les chambres sont assujetties à une transient occupancy tax (taxe de séjour) généralement de 12,5% à Los Angeles et de 11% à San Francisco.

Pour vous guider dans votre choix, les symboles suivants indiquent les tarifs en saison pour une chambre double avec salle de bain ou douche (petit déjeuner non compris):

✪	moins de 80 dollars
✪✪	de 80 à 125 dollars
✪✪✪	plus de 125 dollars

LOS ANGELES, CENTRE-VILLE

Best Western The Mayfair Hotel ✪✪ *1256 W. 7th Street, Los Angeles, CA 90017;. tel. (213) 484 9789; 1(800) 821 8682; fax (213) 484 2769.* Hôtel ancien, restaurant art déco. Parking gratuit. 295 chambres.

Biltmore Hotel ✪✪✪ *506 S. Grand Avenue, Los Angeles, CA 90071; tel. (213) 624 1011; 1 (800) 245 8673; fax (213) 612 1545.* Somptueux hôtel des années 20, restauré dans sa splendeur. Magnifique hall. Dîner raffiné au restaurant Bernard's ou au Grand Avenue Bar. 683 chambres.

Figueroa Hotel ✪✪ *939 S. Figueroa Street, Los Angeles, CA 90015; tel. (213) 627 8971; fax (213) 689 0305.* Un charmant hôtel de style espagnol avec de grandes chambres confortables, une cour bordée de palmiers; piscine, source thermale. 285 chambres.

New Otani Hotel and Garden ✪✪✪ *120 S. Los Angeles Street Los Angeles, CA 90012; tel. (213) 629 1200; fax (213) 622 0980.* Service attentionné; chambres confortables et agréables, décorées avec une nuance japonaise dans de douces teintes roses. Jardin d'ornement japonais et bon choix de restaurants américains et japonais. 434 chambres.

Westin Bonaventure Hotel and Suites ✪✪✪ *404 S. Figueroa Street, Los Angeles, CA 90071; tel. (213) 624 1000; 1(800) 228 3000; fax (213) 612 4894.* A l'extérieur, c'est un ensemble étincelant de tours en verre dominant l'horizon du centre-ville; à l'intérieur, un complexe de six étages comprenant bassin et fontaines, plantes suspendues, bar, restaurants et centre commercial. Chambres luxueuses et service digne d'un cinq étoiles. Piscine. 1274 chambres et 94 chambres en suite.

Wilshire Royale Hotel ✪ *2619 Wilshire Boulevard, Los Angeles, CA 90057; tel. (213) 387 5311; 1(800) 421 8072; fax (213) 380 8174.* Élégant hôtel, style art-déco, avec de somptueuses et spacieuses chambres et suites. Charmant restaurant situé dans une cour intérieure avec piscine et jacuzzis. 200 chambres.

LOS ANGELES, HOLLYWOOD ET WESTSIDE

Hotel Bel-Air ✪✪✪ *701 Stone Canyon Road, Los Angeles, CA 90077; tel. (310) 472 1211; fax (310) 476 5890.* Le summum du luxe: bungalows et villas somptueusement équipés, dans un décor luxuriant rappelant l'univers capricieux des vedettes de cinéma. 92 chambres.

Best Western Sunset Plaza Hotel ✪✪ *8400 Sunset Boulevard, West Hollywood, CA 90069; tel. (213) 654 0750; 1(800)421 3652; fax (213) 650 6146.* Hôtel familial de style californien sur le célèbre Sunset. Chambres claires et agréables avec télé, magnétoscope et réfrigérateur. Piscine et solarium. 88 chambres.

Bevonshire Lodge Motel ✪ *7575 Beverly Boulevard, Los Angeles, CA 90036; tel. (213) 936 6154; fax (213) 934 6640.* Motel familial simple avec piscine et parking gratuit, bien situé par rapport à Hollywood. Possibilité de garde d'enfants. 25 chambres.

Hotel del Capri ✪✪ *10587 Wilshire Boulevard, Los Angeles, CA 90024; tel. (310) 474 3511; 1(800) 44-HOTEL; fax (310) 470 9999.* Hôtel charmant et calme avec un agréable patio bordé de fleurs; piscine. 81 chambres.

Hollywood Celebrity Hotel ✪✪ *1775 Orchid Avenue, Hollywood, CA 90028; tel. (213) 850 6464; 1(800) 222 7017.* Retraite calme près du Hollywood Bowl. Chambres claires et spacieuses avec des motifs art déco. Le prix comprend la bouteille de vin de bienvenue et le petit déjeuner. 40 chambres.

Hollywood Roosevelt Hotel ✪✪✪ *7000 Hollywood Boulevard, Hollywood, CA 90028; tel. (213) 466 7000; 1(800) 950 7667; fax (213) 462 8056.* Situé près de Mann's Chinese Theater, cet imposant hôtel des années 1940 fut le lieu où se déroula la première cérémonie des Academy Awards. Le Cinegrill Supper Club, très animé, est surtout fréquenté par les milieux du cinéma et de la musique. 335 chambres.

Mondrian Hotel ✪✪✪ *8440 Sunset Boulevard, West Hollywood, CA 90069; tel. (213) 650 8999; 1(800) 525 8029; fax (213) 650 9241.* Bâtisse très colorée aux formes géométriques, due à l'artiste Piet Mondrian. Luxueuses suites aux décorations Art Moderne d'où l'on découvre une splendide vue sur la ville. Grande piscine, sauna, whirlpool et centre de remise en forme. 237 chambres et chambres en suite.

The Peninsula Beverly Hills ✪✪✪ *9882 Little Santa Monica Boulevard, Beverly Hills, CA 90212; tel. (310) 551 2888; 1(800) 462 7899; fax (310) 788 2319.* Elégance classique et luxe sans égal au cœur de Beverly Hills. Service de limousines Rolls Royce. Sur le toit, piscine et restaurant romantique. 184 chambres. 16 villas.

Saharan Motor Hotel ✪ *7212 Sunset Boulevard, Hollywood, CA 90046; tel. (213) 874 6700; fax (213) 874 5163.*Motel propre et confortable, à prix raisonnables. Piscine et parking gratuit. 63 chambres.

Universal City Hilton and Towers ✪✪✪ *555 Universal Terrace Parkway, Universal City, CA 91608; tel. (818) 506 2500; 1(800)-HILTONS; fax (818) 509 2058.* Etincelante tour de verre et de chrome de 24 étages dominant les Universal Studios. Chambres spacieuses, décorées avec goût, et vue panoramique. Au dernier étage, véranda bien aérée, café-bistrot et restaurant japonais. 471 chambres.

LOS ANGELES, COTE

Barnabey's ✪✪-✪✪✪ *3501 Sepulveda Boulevard, Manhattan Beach, CA 90266; tel. (310) 545 8466; 1(800)552 5285; fax (310) 545 8621.* Hôtel victorien kitsch, avec des meubles anciens. Restaurant viennois avec personnel en costume d'époque. Piscine couverte. 122 chambres.

Cadillac Hotel ✪ *8 Dudley Avenue, Venice Beach, CA 90291; tel. (310) 399 8876; fax (310) 399 4536.* En bord de mer, hôtel bon marché dans une construction art déco restaurée. Chambres privées ou dortoirs. 41 chambres.

Hotel Carmel ✪✪ *201 Broadway, Santa Monica, CA 90401; tel. (310) 451 2469; fax (310) 393-4180.* Hôtel offrant des chambres bon marché en plein centre de Santa Monica, situé à proximité de la jetée et de la plage. 102 chambres.

Channel Road Inn ✪✪- ✪✪✪ *219 W. Channel Road, Santa Monica, CA 90402; tel. (310) 459 1920; fax (310) 454 9920.* Maison de campagne romantique datant de 1910, avec des parquets de chêne, des meubles en osier et d'accueillants lits à baldaquin. 14 chambres.

Malibu Beach Inn ✪✪✪ *22878 Pacific Coast Highway, Malibu, CA 90265; tel. (310) 456 6444; 1(800) 4-MALIBU; fax (310) 456 1499.* Donnant directement sur la plage de Malibu, un hôtel luxueux de style «mission californienne». Toutes les chambres possèdent leur propre balcon donnant sur la mer. Un endroit de rêve disposant de 47 chambres.

Seahorse Motel ✪ *233 N. Sepulveda Boulevard, Manhattan Beach, CA 90266; tel. (310) 376 7951; 1(800) 233 8057; fax (310) 674 1137.* Hôtel accueillant et agréable à proximité de la plage de Manhattan, et d'accès pratique pour l'aéroport. Toutes les chambres ont l'air conditionné, la télévision. Piscine chauffée, coffee shop. 33 chambres.

SAN FRANCISCO

Adelaide Inn ✪ *5 Isadora Duncan Court, San Francisco, CA 94102; tel. (415) 441 2261; fax (415) 441 0161.* Hôtel agréable et bon marché dans le centre-ville, près de Union Square. Les salles de bain sont communes à plusieurs chambres, mais le café et les beignets sont gratuits. 18 chambres.

Cow Hollow Motor Inn ✪✪ *2190 Lombard Street, San Francisco, CA 94123; tel. (415) 921 5800; fax (415) 922 8515.* Hôtel confortable près du Marina District, avec restaurant et parking gratuit. Chambres ou suites avec coin cuisine. 129 chambres.

Fairmont San Francisco ✪✪✪ *950 Mason Street, San Francisco, CA 94108; tel. (415) 772 5000; 1(800) 527 4727; fax (415) 837 0587.* Célèbre hôtel de luxe sur la colline, beau hall d'entrée ancien avec des colones de marbre, vue panoramique sur San Francisco. 596 chambres.

Grant Plaza Hotel ✪ *465 Grant Avenue, San Francisco, CA 94108; tel. (415) 434 3883; 1(800) 472 6899; fax (415) 434 3886.* Chambres petites mais confortables, dans un hôtel idéalement situé aux portes de Chinatown. 72 chambres.

Mark Hopkins Inter-Continental ✪✪✪ *1 Nob Hill, San Francisco, CA 94108; tel. (415) 392 3434; 1(800) 327 0200; fax (415) 421 3302.* Réputé comme étant le meilleur établissement de la ville. Vue magnifique depuis le célèbre bar *Top of the Mark*, sur le toit de l'hôtel, qui date des années 1940 (voir p. 30). 392 chambres.

Pacific Heights Inn ✪- ✪✪ *1555 Union Street, San Francisco, CA 94123; tel. (415) 776 3310; 1(800) 523 1801; fax (415) 776 8176.* Hôtel calme et intime parmi les élégantes boutiques de Union Street. 40 chambres.

Phoenix Inn ✪✪ *601 Eddy Street, San Francisco, CA 94109; tel. (415) 776 1380; fax (415) 885 3109.* Chambres spacieuses et agréables donnant sur une cour avec piscine. Restaurant et bar, petit déjeuner et parking gratuits. 44 chambres.

Ramada Inn ✪✪✪ *345 Taylor Street, San Francisco, CA 94102; tel. (415) 673 2332; fax (415) 398 0733.* Elégant petit hôtel de style colonial près de Union Square. 119 chambres.

Washington Square Inn ✪✪✪ *1660 Stockton Street, San Francisco, CA 94133; tel. (415) 981 4220; 1(800) 388 0220; fax (415) 397 7242.* Etablissement douillet et agréable au cœur du quartier bohème de North Beach. Petit déjeuner inclus. 15 chambres.

The Wharf Inn ✪✪ *2601 Mason Street, San Francisco, CA 94133; tel. (415) 673 7411; 1(800) 548 9918; fax (415) 776 2181.* Petit hôtel confortable dans un quartier touristique populaire; accès facile au centre-ville par le funiculaire. Parking gratuit. 50 chambres. *1 penthouse.*

SAN DIEGO

Horton Grand Hotel ✪✪✪ *311 Island Avenue, San Diego, CA 92101; tel. (619) 544 1886;1(800) 542 1886; fax (619) 239 3823.* Au cœur du Gaslamp Quarter, hôtel rénové du début du siècle avec un personnel en costume d'époque. 132 chambres.

La Jolla Cove Suites ✪✪ *1155 Coast Boulevard, La Jolla, CA 92037; tel. (619) 459 2621; 1(800) 248 2683; fax (619) 454 3522.* Chambres bon marché avec balcon donnant sur l'océan, dans la très chic station La Jolla. Piscine, jacuzzi. 116 chambres.

Marriott San Diego Marina ✪✪✪ *333 W. Harbor Drive, San Diego, CA 92101-7700; tel. (619) 234 1500; 1(800) 228 9290; fax (619) 234 8678.* Chambres luxueuses dans une tour étincelante surplombant le port de plaisance et Seaport Village. 1355 chambres.

US Grant Hotel ✪✪✪ *326 Broadway, San Diego, CA 92101; tel. (619) 232 3121; 1(800) 237 5029; fax (619) 232 3626.* Situé en plein centre-ville, grand hôtel classique avec de riches boiseries et garnitures en cuir. 280 chambres.

La Valencia ✪✪✪ *1132 Prospect Street, La Jolla, CA 92037; tel. (619) 454 0771; 1(800) 451 0772; fax (619) 456 3921.* Chambres somptueuses donnant sur La Jolla Cove. Elégance et luxe à l'ancienne. Patio exotique, piscine bordée de palmiers. 100 chambres.

Restaurants recommandés

La Californie satisfait tous les goûts culinaires, des œufs sur le plat ou du hachis rissolé pour un repas simple et convivial, jusqu'au foie gras dans un restaurant gastronomique français, en passant par toutes les cuisines du monde. La plupart des restaurants sont ouverts dès le matin jusque tard dans la soirée et certains sont ouverts jour et nuit. Il est conseillé de réserver pour dîner dans les restaurants chers, surtout le week-end.

Voici une liste de restaurants recommandés par Berlitz. La liste de ces restaurants offrant un service et une nourriture de qualité ne saurait être exhaustive. Si vous en découvrez d'autres qui méritent d'être signalés, nous vous remercions de nous les communiquer.

Pour vous guider dans votre choix, les symboles suivants indiquent le prix d'un dîner pour deux personnes comprenant trois plats (vin, taxe et pourboire non compris):

✪	moins de 35 dollars
✪✪	de 35 à 70 dollars
✪✪✪	plus de 70 dollars

LOS ANGELES

Al Amir ✪✪ *5750 Wilshire Boulevard, STE 195, Hollywood; tel. (213) 931 8740.* Restaurant select où l'on sert des spécialités du Moyen-Orient: falafel, taboulé, chiche-kebab.

Benihana of Tokyo ✪✪ *38 N. La Cienega Boulevard, Beverly Hills; tel. (213) 655 7311.* Dans cet élégant établissement japonais, un chef cuisinera pour vous, à votre table, steaks, poulets ou produits de la mer. Fermé le samedi et le dimanche midi.

Bernard's ✪✪✪ *Biltmore Hotel, 506 S. Grand Avenue, Downtown; tel. (213) 612 1580.* Salle à manger ancienne où joue un harpiste, cette institution de LA offre de la cuisine gastronomique française et californienne.

Bob Burns ✪-✪✪ *202 Wilshire Boulevard, Santa Monica; tel. (302) 393 6777.* Grand choix de fruits de mer et d'autres plats. Tenue décontractée.

Café 50s ✪ *838 Lincoln Boulevard, Venice; tel. (310) 399 1955.* Hamburgers et milk-shakes dans un décor années 50, avec juke-box et serveuses chantantes.

Chan Dara ✪ *11940 W. Pico Boulevard, West Los Angeles; tel. (213) 479 4461.* Restaurant thaïlandais très en vogue. Il existe deux succursales en ville: au 1511 N. Cahuenga Boulevard, et au 310 N. Larchmont Boulevard.

El Cholo ✪ *1121 S. Western Avenue, Los Angeles; tel. (213) 734 2773.* Très original, l'un des meilleurs restaurants mexicains de Los Angeles. Orchestre mariachi le lundi soir. Animé et populaire.

Cowboy Sushi ✪–✪✪ *911 Broxton Avenue, Westwood; tel. (310) 208 7781.* Bar japonais servant sushi, tempura et teriyaki ainsi que des pâtes et des plats végétariens.

Gaylord ✪✪ *50 N. La Cienega Boulevard, Beverly Hills; tel. (310) 652 3838.* Un ravissant décor dans des tons de rose et de gris rehausse l'élégance de ce restaurant indien haut de gamme. Plats traditionnels: korma, madras, vindaloo et tandoori. Service raffiné.

Gorky's Café ✪✪✪ *1716 N. Cahuenga Boulevard, Hollywood; tel. (310) 463 4060.* Café «avant-garde russe avec des tarifs d'ouvriers.» Salades et sandwichs copieux, blinis, pâtisseries et choucroute. Dans le quartier miteux d'Hollywood, bien connu des *fans* du chanteur Tom Waits.

Grand Central Market ✪ *3rd and Hill Streets, Downtown LA.* Marché international, à ciel ouvert: grande variété de cuisines exotiques, allant des produits frais aux mets pour gourmets.

Hard Rock Café ✪-✪✪ *Beverly Center, 8600 Beverly Boulevard, West Hollywood; tel. (310) 276 7605.* Musique rock, serveuses amusantes, adolescents dans le coup faisant la queue pour les tables et la traditionnelle Cadillac à travers le plafond. Bonne nourriture, notamment des hamburgers, du chili, des barbecues et des salades.

Lawry's – The Prime Rib ✪✪ *100 N. La Cienega Boulevard, Beverly Hills; tel. (310) 652 2827.* Comme son nom l'indique, ce restaurant traditionnel vous sert les meilleures côtes de bœuf de la ville, découpées à votre table par des serveurs très attentionnés.

Matteo's ✪✪✪ *2321 Westwood Boulevard, West Los Angeles; tel. (310) 475 4521.* Restaurant italien de luxe où l'on peut parfois rencontrer des célébrités d'Hollywood. Fermé le lundi.

Mon Kee's ✪–✪✪ *679 N. Spring Street, STE 605, Downtown; tel. (213) 628 6717.* Délicieux produits de mer à la cantonnaise. Choisissez votre poisson, crabe ou homard directement du vivier.

Moustache Café ✪✪ *8155 Melrose Avenue, West Hollywood; tel. (213) 651 2111.* Lieu de rendez-vous en vogue dans l'élégante Melrose Avenue. Parmi les spécialités californiennes: l'agneau grillé à la broche et le fameux soufflé au chocolat.

Musso & Frank Grill ✪✪ *6667 Hollywood Boulevard, Hollywood; tel. (213) 467 7788.* Ce grill-room de style new-yorkais, à l'ambiance très hollywoodienne des années 1940, est une véritable institution. Vous ne connaîtrez pas Hollywood tant que vous n'aurez pas mangé ici.

L'Orangerie ✪✪✪ *903 N. La Cienega Boulevard, West Hollywood; tel. (310) 652 9770.* Restaurant français, élégant et romantique, où l'on sert la «nouvelle cuisine» classique. Tenue de ville et réservation obligatoires.

Original Pantry Café ✪ *877 S. Figueroa Street, Downtown; tel. (213) 972 9279.* Bonne chère et portions copieuses dans ce petit restaurant populaire très ancien. Ouvert jour et nuit.

Pacific Dining Car ✪✪–✪✪✪ *1310 W. Sixth Street, Downtown; tel. (213) 483 600.* Steakhouse installé depuis 1921 dans un authentique wagon-restaurant. Ouvert jour et nuit..

Rae's Restaurant ✪ *2901 Pico Boulevard, Santa Monica; tel. (310) 828 7937.* Petit restaurant typique des années 50 tout à fait authentique, avec des serveuses en uniforme aux petits soins, servant de copieux petits déjeuners.

Shanghai Red's ✪✪ *13813 Fiji Way, Fisherman's Village, Marina del Rey; tel. (310) 823 4522.* Dînez sur une terrasse en bois donnant sur la Marina ou, en hiver, à l'intérieur, devant un feu de bois. Steaks, côtelettes, poissons frais et crustacés.

Tail of the Pup ✪ *329 N. San Vicente Boulevard, West Hollywood; tel. (310) 652 4517.* Célèbre stand à hot-dog des années 20 en forme de hot-dog géant. Lieu de pèlerinage pour photographes et amateurs de hot-dogs.

Tommy Tang's ✪✪ *7473 Melrose Avenue, West Hollywood; tel. (213) 651 1810.* Célèbre et populaire restaurant où l'on se rend autant pour observer les gens que pour son excellente cuisine thaïlandaise. Essayez les crevettes au champagne sauce coriandre ou les calamars aux feuilles de menthe et piment.

El Torito Grill ✪ *9595 Wilshire Boulevard, Beverly Hills; tel. (310) 550 1599.* Spécialités du Mexique et du sud-ouest à des prix très avantageux, en plein quartier cher de Beverly Hills. Bruyant et animé.

Yang Chow ✪ *819 N. Broadway, Downtown, Tel. (213) 625 0811.* Cuisine épicée du Sichuan, servie au cœur de Chinatown. Le cadre est simple et vif en couleurs, mais la cuisine est exquise.

SAN FRANCISCO

Blue Light Café ✪✪ *1979 Union Street, Pacific Heights; tel. (415) 922 5510.* Agréable établissement au décor contemporain. Menu varié proposant une cuisine américaine traditionnelle. Ouvert tous les soirs; brunch le dimanche.

Buena Vista Café ✪ *2765 Hyde Street, North Beach; tel. (415) 474 5044.* C'est dans ce ravissant vieux café que fut inventé l'*Irish coffee*. On y sert de copieux petits déjeuners, ainsi que le dîner jusqu'à 21h30, les boissons jusqu'à 2h.

Café Trieste ✪ *601 Vallejo Street, North Beach; tel. (415) 392 6739.* Bon vieux café du coin avec d'excellentes pizzas et délicieux cafés. Le juke-box joue des classiques de l'opéra, et le week-end, les patrons italiens improvisent des arias.

Campo Santo ✪ *240 Columbus Avenue, North Beach; tel. (415) 433 9623.* La cuisine mexicaine/maya rencontre la cuisine califonienne dans ce restaurant bon marché. Plats traditionnels du Yucatán (au poulet ou au bœuf, avec des achiotes, des tomates vertes, des piments et des oranges amères) à la mode californienne. Glace à la mangue avec une sauce tequila-citron vert.

Chevy's ✪ *2 Embarcardero Center, Financial District; tel. (415) 391 2323.* Cantine mexicaine animée où l'on sert des plats traditionnels frais. Délicieux fajitas (steak ou poulet croustillant) que vous arroserez d'un margarita glacé.

Cliff House ✪✪–✪✪✪ *1090 Point Lobos Avenue, Ocean Beach; tel. (415) 386 3330.* Quatre salles à manger et deux bars dans un lieu spectaculaire surplombant Ocean Beach, les Rochers aux phoques et le Golden Gate, spécialisé dans les fruits de mer et la cuisine californienne.

Empress of China ✪✪ *838 Grant Avenue, Chinatown; tel. (415) 434 1345.* Luxueux restaurant chinois décoré d'antiquités Han. Vue splendide sur Telegraph Hill.

Fog City Diner ✪✪ *1300 Battery Street, North Beach; tel. (415) 982 2000.* Petit restaurant américain art déco. Cuisine traditionnelle imaginative. Très chic et très fréquenté.

Iron Horse ✪✪ *19 Maiden Lane, Union Square; tel. (415) 362 8133.* Restaurant italien chic avec nappes blanches, roses et rouges, boiseries foncées et cuivres créant une atmosphère romantique. Essayez les escalopes sautées dans du beurre au safran ou le canard de Sonoma rôti au cassis. Réservation recommandée.

John's Grill ✪✪ *63 Ellis Street (between Powell and Stockton), Downtown; tel. (415) 986 0069.* Ouvert en 1908, cet établissement de steaks et de fruits de mer était le lieu préféré du détective Sam Spade dans *Le Faucon Maltais.*

North India Restaurant ✪✪ *3131 Webster Street, Marina District; tel. (415) 931 1556.* Cuisine du nord de l'Inde et du Pakistan (tandoori). A la carte.

Perry's Downtown ✪✪ *185 Sutter Street, Financial District; tel. (415) 989 6895.* Menu varié. D'excellents steaks, côtelettes et fruits de mer sont proposés chaque jour.

Puccini and Pinetti Italian Grill ✪✪ *129 Ellis, Downtown; tél. (415) 392-5500* Restaurant populaire, nourriture du nord de l'Italie, ouvert tous les jours.

Stars ✪✪✪ *150 Redwood Alley, Civic Center; tel. (415) 861 7827.* Elégant restaurant gastronomique et dégustation d'huîtres. Cuisine californienne imaginative. Fermé du lundi au vendredi midi.

The Stinking Rose ✪ *325 Columbus Avenue, North Beach; tel. (415) 781-ROSE.* Un restaurant italien animé et joyeux où l'ail est roi. Tous les plats ont un point commun: ce ne sont pas les aliments qui sont assaisonnés à l'ail, mais tout simplement l'inverse!

Vesuvio ✪ *255 Columbus Avenue, North Beach; tel. (415) 362 3370.* Ce café-bar légendaire fut autrefois le lieu de rendez-vous de la «Beat Generation» (voir p. 21) et est encore aujourd'hui fréquenté par les milieux littéraires. Il est idéalement situé près de la librairie des City Lights (voir p. 33).

Washington Square Bar & Grill ✪–✪✪ *1707 Powell Street, North Beach; tel. (415) 982 8123.* Bistrot à l'italienne, très animé; orchestre de jazz à midi. Steaks, pâtes, fruits de mer, hamburgers.

SAN DIEGO

Acapulco ✪–✪✪ *Best Western Cacienda Hotel, 2467 Juan Street, Downtown; tel. (619) 234 8511.* Terrasse surplombant la vieille ville.

La carte vous propose un très grand choix de plats mexicains.

B Street Restaurant and Sports Bar ✪✪ *425 West B Street, Downtown; tel. (619) 236 1707.* Etablissement de nuit très fréquenté où l'on sert de la cuisine californienne. Steaks, fruits de mer et plats asiatiques. Jazz *live* le vendredi et le samedi.

Broken Yolk Café ✪ *1851 Garnet Avenue, Pacific Beach; tel. (619) 270 9655.* Ouvert seulement au petit déjeuner et à midi et spécialisé dans les omelettes et autres délicieux plats aux œufs. Sert aussi des hamburgers et des muffins faits maison.

Café del Rey Moro ✪✪✪ *House of Hospitality, Balboa Park, 1549 El Prado; tel. (619) 234 8511.* Belle terrace surplombant les jardins de Balboa Park. Le menu est du sud-ouest, un mélange d'influences Mexicaine et Native Américaine.

Casa de Bandini ✪–✪✪ *2754 Calhoun Street, Old Town; tel. (619) 297 8211.* Des orchestres mariachi rehaussent l'ambiance de ce ravissant restaurant mexicain, logé dans une hacienda d'adobe datant de 1929.

Charlie's at Harbor Island ✪✪ *1880 Harbor Island Drive, Harbour Island; tel. (619) 297 1673.* Repas près du port avec poissons frais et fruits de mer, soupe aux palourdes, steaks, côtelettes et autres plats.

Corvette Diner ✪ *3946 Fifth Avenue, Hillcrest; tel. (619) 542 1001.* Dans un cadre années 50, spécialités américaines: pain de viande et côtes de porc au barbecue.

Firehouse Beach Café ✪–✪✪ *722 Grand Avenue, Pacific Beach; tel. (619) 272 1999.* Tous les repas sont servis sur la terrasse avec une vue sur les surfers du Pacifique.

George's at the Cove ✪✪–✪✪✪ *1250 Prospect Street, La Jolla; tel. (619) 454 4244.* Un des meilleurs restaurants de San Diego avec vue magnifique sur l'océan. Fruits de mer et steaks cuisinés avec une «touche» californienne; c'est leger, frais et créatif.

Karl Strauss Brewery & Grill ✪–✪✪ *1157 Columbia Street, Downtown; tel. (619) 234 2739 (BREW).* La plus vieille brasserie de San Diego vous propose 19 variétés de bière servie avec un dîner de steaks, d'hamburgers, de grillades, de salades et de fruits de mer.

La Gran Tapa ✪–✪✪ *611 B Street, Downtown; tel. (619) 234 8272 (TAPA).* Restaurant espagnol proposant une carte très complète et plus de 40 variétés de tapas.

La Salsa ✪ *415 Horton Plaza, Broadway, Downtown; tél. (619) 234-6906.* Service rapide dans ce restaurant mexicain sans chichis, où l'on sert des tacos, burritos et enchiladas de toute première fraîcheur.

Liaison ✪✪ *2202 Fourth Avenue, Hillcrest; tel. (619) 234 5540.* Restaurant français romantique, éclairé aux chandelle. Patio en été. Menu gastronomique à prix fixe comprenant cinq plats.

Little Italy ✪ *4204 Voltaire Avenue, Ocean Beach; tel. (619) 225 9900.* Un restaurant typiquement italien jusqu'aux grandes nappes à carreaux rouges et aux bouteilles de Chianti. Délicieuse cuisine et portions copieuses.

Sibyl's Down Under ✪✪ *500 Fourth Avenue, , Downtown; tel. (619) 239 9117.* Restaurant animé proposant des spécialités australiennes comme des queues de crocodile et des crevettes grillées au barbecue et enrobées de bacon. Le dîner vous donne l'accès gratuit à la boîte de nuit située à l'étage.

Su Casa ✪–✪✪ *6738 La Jolla Boulevard, La Jolla; tel. (619) 454 0369.* Excellent restaurant mexicain spécialisé dans les produits de mer. Le décor est celui d'une hacienda du XVIIIe siècle avec cheminée, tuiles peintes et meubles de chêne.

The Vegetarian Zone ✪ *2949 Fifth Avenue, Balboa Park,; tel. (619) 298 7302.* Délicieux menu végétarien. Essayez la lasagne aux champignons et aux épinards et finissez avec la tarte à la citrouille.

Dans la collection des guides de voyage Berlitz:

Afrique
Afrique du Sud
Algérie
Kenya
Maroc
Tunisie

Allemagne/Autriche
Berlin
Munich
Vienne

Antilles
Antilles françaises
Caraïbes du Sud-Est
Cuba
Jamaïque

Australie

Belgique/Pays-Bas
Amsterdam
Bruges et Gand
Bruxelles

Chypre
Chypre

Espagne
Barcelone
Costa Blanca
Costa del Sol et Andalousie
Costa Dorada et Tarragone
Espagne
Ibiza et Formentera
Iles Canaries
Madrid
Majorque et Minorque
Séville

Etats-Unis/Canada
Boston
Californie
Disneyland et les parcs d'attractions de la Californie du Sud
Floride
Los Angeles
Miami
New York
Nouvelle-Orléans
San Francisco
USA
Walt Disney World et Orlando
Canada
Montréal

Extrême-Orient
Bali et Lombok
Chine
Hong Kong
Inde
Indonésie
Japon
Malaisie
Singapour
Sri Lanka et les îles Maldives
Thaïlande

France
Côte d'Azur
Euro Disney Resort
Paris
Périgord
Provence

Grande-Bretagne
Ecosse
Iles Anglo-Normandes
Londres

Grèce
Athènes
Corfou
Crète
Iles grecques de la mer Egée
Rhodes
Salonique et la Grèce du Nord

Hongrie
Budapest
Hongrie

Irlande
Dublin
Irlande

Italie/Malte
Florence
Italie
Malte
Milan et la région des lacs
Naples, Capri et la côte d'Amalfi
Riviéra italienne
Rome
Sicile
Venise

Portugal
Algarve
Lisbonne
Madère
Portugal

Proche-Orient
Egypte
Israël

République tchèque
Prague
République tchèque

Russie
Moscou et Saint-Pétersbourg

Scandinavie
Copenhague
Oslo, Bergen et les fjords
Stockholm

Suisse

Turquie
Istanbul/Côte égéenne
Turquie

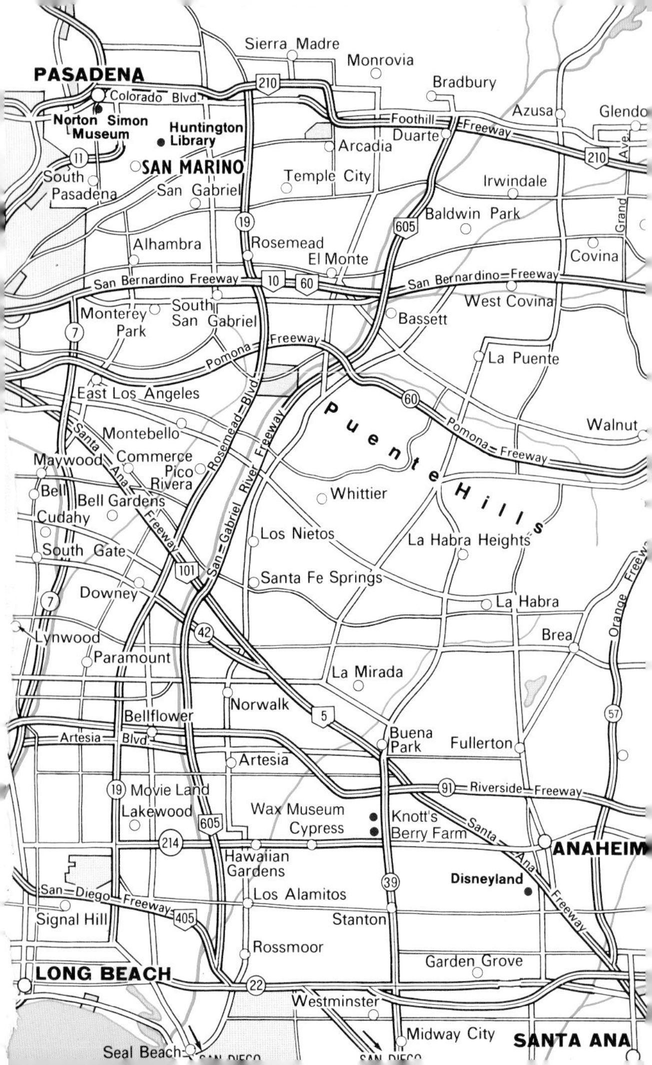
PASADENA
Colorado Blvd.
Norton Simon Museum
Huntington Library
SAN MARINO
South Pasadena
San Gabriel
Alhambra
Sierra Madre
Monrovia
Bradbury
Azusa
Glendo
Foothill Freeway
Duarte
Arcadia
Temple City
Irwindale
Baldwin Park
Rosemead
El Monte
Covina
Grand Ave.
San Bernardino Freeway
West Covina
Monterey Park
South San Gabriel
Bassett
Pomona Freeway
La Puente
East Los Angeles
Puente Hills
Walnut
Montebello
Commerce
Maywood
Pico Rivera
Rosemead Blvd.
San Gabriel River Freeway
Santa Ana Freeway
Bell
Bell Gardens
Whittier
Cudahy
Los Nietos
La Habra Heights
South Gate
Santa Fe Springs
La Habra
Downey
Orange Freeway
Brea
Lynwood
Paramount
La Mirada
Norwalk
Bellflower
Artesia Blvd.
Buena Park
Fullerton
Artesia
Riverside Freeway
Movie Land
Lakewood
Wax Museum
Cypress
Knott's Berry Farm
ANAHEIM
Hawaiian Gardens
Disneyland
San Diego Freeway
Los Alamitos
Signal Hill
Stanton
Rossmoor
Garden Grove
LONG BEACH
Westminster
Midway City
SANTA ANA
Seal Beach
210
11
19
605
10
60
7
101
42
5
57
91
214
39
405
22